课题：全媒体背景下中华传统文化以文化人路径研究　编号：23C909270003

新媒体时代大学生教育管理研究

李　杰　著

中国海洋大学出版社

·青岛·

图书在版编目（CIP）数据

新媒体时代大学生教育管理研究 / 李杰著 . -- 青岛：
中国海洋大学出版社 , 2024.1
ISBN 978-7-5670-3772-4

Ⅰ . ①新… Ⅱ . ①李… Ⅲ . ①大学生－教育管理－研
究 Ⅳ . ① G647

中国国家版本馆 CIP 数据核字 (2024) 第 011612 号

新媒体时代大学生教育管理研究

XINMEITI SHIDAI DAXUESHENG JIAOYU GUANLI YANJIU

出 版 人	刘文菁
出版发行	中国海洋大学出版社有限公司
社　　址	青岛市香港东路 23 号　　　　邮政编码　266071
网　　址	http://pub.ouc.edu.cn
责任编辑	郑雪姣　　　　　　　　　　　电　　话　0532-85901092
电子邮箱	zhengxuejiao@ouc-press.com
图片统筹	河北优盛文化传播有限公司
装帧设计	河北优盛文化传播有限公司
印　　制	河北万卷印刷有限公司
版　　次	2024 年 1 月第 1 版
印　　次	2024 年 1 月第 1 次印刷
成品尺寸	170 mm × 240 mm　　　　　　印　　张　15
字　　数	205 千　　　　　　　　　　　印　　数　1 ~ 1000
定　　价	98.00 元
订购电话	0532-82032573（传真）　18133833353

发现印刷质量问题，请致电 18133833353 进行调换。

前　言

当今世界正经历百年未有之大变局，新媒体中的各种要素也在经历深刻、快速的变革，这种变革推动着人类的发展和社会的进步。随着以互联网、移动通信和手持智能终端为基础的新媒体技术的运用，大学生从思维观念到价值取向、从认知模式到行为方式均进行了全方位的转型和重塑，且主体意识和自我意识不断得到增强。

我国高等教育肩负着为党育人、为国育才的重大使命，立德树人是高校的立身之本，教育管理水平直接影响着高校的人才培养质量。然而，立足新媒体时代，高校的教育管理工作还存在思想观念落后、管理方式和工作方法单一、机制和体制不健全等问题。以新媒体时代为背景，深入探讨如何运用新媒体技术的传播特点及技术优势，因事而化、因时而进、因势而新地做好大学生教育管理工作，对提升高校教育管理工作水平、优化教育资源配置、推动高校高质量发展具有重要的理论意义和实践价值。

本书共七章，第一章系统地梳理了新媒体的内涵及特征，分析了新媒体的分类及其对传播的影响，并展望了新媒体的未来发展趋势。第二章重点阐述了高等教育管理的基本理念、本质与内容、原则与功能、改革与发展。第三章阐明了新媒体时代下高校教育管理面临的挑战与机遇，并研究了新媒体在高校教育管理中的应用，以及高校教育管理工作的创新。第四章主要论述了新媒体时代高校教育管理阵地场域构建，包括利用即时通信软件和资讯平台进行高校教育管理工作以及高校网络舆情管理机制的创新。第五章以新媒体时代为研究背景，阐述了大学生心理健康教育管理的相关概念和理论基础，分析了新媒体对大学生心理健康的影响，并在此基础上提出了大学生心理健康教育管理策略。第六章阐述了大学生媒介素养的基本内涵及新媒体时代的大学生媒介素养，并提出了提升大学生媒介素养的对策与建议。第七章论述了基于大数据技术的高校教育管理系统创新应用，具体包括高校学生信息管理系统、高校学生综合测评系统和教师管理系统。

因作者水平有限，本书尚有不足之处，敬请读者朋友批评指正！

李杰

2023 年 10 月

目　录

第一章　新媒体概述

当前，新媒体正以燎原之势影响着经济社会各领域，改变着人们的思想观念和行为方式。随着媒介环境的变化和信息传播技术的进步，新媒体一方面给人们的生活、学习、工作带来了便利，受到了人们的广泛欢迎；另一方面带来了一些消极影响和负面问题。理解并把握新媒体的内涵及特征、分类及其对传播的影响以及新媒体的未来发展趋势，对人们正视新媒体、辩证看待新媒体给自身和社会发展带来的深远影响有着积极的意义。

第一节　新媒体的内涵及特征

一、媒体、媒介、新媒体

"媒体"和"媒介"的概念其实没有太大差异，二者均译自英文"media"一词，只是在语言使用习惯和语境上有差异。一般而言，"媒体"是一个具象名词，如微博媒体、微信媒体等，也和传播有关。"媒介"是一个抽象名词，常用于信息传播语境中。信息从传播者发出，经过传播媒介，最后由接收者解码和译码。媒体包括书本、刊物、广播、电视等传播渠道和机构，媒介则包括语言、文字、图像、声音等用于传播的介质。总的来说，媒体和媒介之间没有明确的区分，只是在具体语境中的使用稍有差异。

对于"新媒体"（new media）一词，目前学界并没有一个完全统一的定义，但都认同新媒体是相较传统媒体而言的新的媒体形态。媒体的物质形态随着技术的进步而发展变化。从口语传播到文字传播，从印刷传播到电子传播，媒体始终随着生产力的提升在演化并且将持续演化下去。"新媒体"是在与传统媒体的对比中产生的具有时间性、历史性的概念，如广播是印刷的"新媒体"，网络是广播的"新媒体"。生产力的每次变革会带来所谓的"新媒体"，特别是在技术迅速更迭的今天，各类媒体层出不穷，新媒体的外延不断拓展。但是，总的来说，新媒体可以被划分为两大类：纯粹的网络新媒体和"传统媒体＋现代技术"的媒体。不管是哪类新媒体，均在强调社交属性，如微信、QQ。信息时代，不仅新的技术变革和物质形态的变化可以产生新媒体，新的软件开发、新的信息服务方式也可以推出新媒体平台。①

总而言之，"新"是相对于"旧"而言的，任何事物在发展的过程中都会产生新概念、新形态，但是随着时间的推进，"新""旧"之间的界限会变得模糊，直至完全消失。近年来，我国新媒体产业发展迅猛，"新媒体"一词更是成为业界和学界的热词，越来越多的信息技术从业者、学者关注该领域的发展。但对于新媒体的许多问题，甚至是基本的范围界定，研究者各执一词，并未形成完全统一的认识。

另外，新媒体不仅是个时间概念，还是个技术概念。虽然没有完全统一的定义，但是新媒体往往是依托数字技术、网络技术、移动通信技术、智能技术等新兴技术产生的，并为用户提供信息服务的一系列工具和载体，这也是当下"万物皆媒"的印证。新媒体的种类仍然在极速扩充，其中有的属于新的媒体形式，有的属于新的媒体硬件，有的则属于新的媒体软件或者信息服务方式。从传播学视角而言，它们又可以分为两类：新兴媒体和新型媒体。

新兴媒体是新媒体的典型形态。其以网络新媒体为代表，依托全新的传播技术，以改变传播形态为主要诉求，强调体验和交互，内容日趋个性化。

---

① 邹仕虎.新媒体用户感知价值对黏性行为的影响机理研究[D].南昌：江西财经大学，2021.

而新型媒体是"传统媒体＋现代技术"的结果，如车载电视、户外智慧屏等。其以现代技术作支撑，有着与传统媒体类似的内容生产方式。而且，其传播形态未发生巨大变化，但是相较于完全的传统媒体而言，其传播效率极大地提高，传播范围极大地扩大，覆盖了以往未覆盖的区域和场所。

综上所述，新媒体有两种概念范畴：一种是广义上的新媒体，是利用数字技术、网络技术、移动通信技术和智能技术，通过互联网、宽带局域网、无线通信网和卫星等渠道，以电视和移动终端等为主要输出终端，向用户提供视频、音频、语音数据服务、社交服务、休闲游戏、远程办公、在线教育等集信息和娱乐服务于一体的新的传播手段或传播形式的总称，包括新兴媒体，也包括新型媒体。另一种是狭义上的新媒体，专指新兴媒体。

二、新媒体用户

从整个人类历史发展进程来看，不同阶段的媒体形态都对当时社会的信息获取、人际互动乃至整个社会结构产生了重要影响。加拿大学者马歇尔·麦克卢汉（Marshall McLuhan）甚至提出"媒介即讯息"的理论，认为媒介不仅影响人们的思维模式，还塑造人们交往的范围和形式，进而影响社会文明的进程。新媒体的功能不断完善和改进，从以往的简单通信功能发展到现代的多维度开发平台、舆论构建平台和娱乐休憩平台，逐渐成为民众生活中不可或缺的一部分。不仅如此，新媒体还打破了信息传播的时空限制，将地球变成"地球村"。新媒体的传播方向是双向的，简单来说，受众不仅是信息的接收者，同时是信息的选择者和生产者。

中国互联网络信息中心发布的第 51 次《中国互联网络发展状况统计报告》显示，截至 2022 年 12 月，我国网民规模达 10.67 亿人，较 2021 年 12 月增长 3549 万人，互联网普及率达 75.6%。庞大的用户群体是新媒体发展的基石，也凸显了新媒体的主流地位。20世纪末，互联网技术开始传入我国，当时互联网只是一种技术性工具，使用者局限于高级知识分子和技术从业者，普通群众对互联网可谓是可望而不可即。新媒体的使用终端和功能也有限，如手机最初只是一种通信工具。但是，随着互联网技术的发展，互联网用户群体逐渐下沉，新媒体终端的使用性价比越来越高，新媒体的消费水平越来越接近大众的消费能力，基于网络连接的新媒体如今已经成为人们日常生活的重要组成部分。互联网用户的不断增长，为新媒体的技术变革和与理论嬗变奠定了基础。

庞大的用户数量和强烈的参与热情是产生丰富的媒体内容的基础，而丰富的内容，尤其是原创内容更是新媒体发展的巨大优势，能进一步激发互联网用户的参与热情。新媒体运营公司也在积极利用这种热情，引导用户进行积极创作，如抖音平台直接喊出了"抖音，记录美好生活"的口号。

巨大的网民规模产生了大量的新媒体内容，随后出现以此为业的工作者，甚至全民参与成为新媒体的代名词，人们对新媒体的讨论也越来越深入。更有甚者认为新媒体会给社会带来绝对的平等甚至产生"乌托邦"式社会。"公共领域"寄托着大众的理想，是人们努力奋斗的目标。新媒体开启了个体独立传播的时代，极大地激发了公众的参与热情。

新媒体的发展既有技术创新的原因，也有商业资本的驱使，但是从用户视角探寻新媒体的发展动力，保障用户的话语权是不可忽略的内容。新媒体的一大特征就是开辟了自由传播的渠道，每个普通民众均有表达自我的空间。诚然，这种自由仍然会受到商业或其他因素的影响，但是相较于传统媒体而言，这种自由已经得到极大的提升。这对新媒体内容生产的贡献是不容忽视的。传统媒体的内容往往是由专门的生产机构提供的，且把控极为严格。而新媒体抓住了用户自生成内容（user generated content，UGC）的特点，呈现了更多的"草根"内容，由此形成了新媒体传播的裂变效果。此外，用户生产还带来了大量的包括个人信息、浏览、转发以及更复杂的交互行为在内的数据，这些数据并不是用户有意产生的，但是对大数据分析有着极大的帮助。通过分析这些数据，可以对新媒体用户的一些习惯有更加深刻的理解。[①]

新媒体平台提供的传播内容，具有种类繁多、更新速度快、推送个性化的特点，能更好地满足用户获取信息的需求。对于新媒体用户来说，信息获取方式和以往有了根本上的不同：可以不受时间、空间的限制，根据自己的需要选择要浏览的信息、收看的内容、体验互动与服务等。通过大数据分析，新媒体平台可以了解每个用户的需求和行为途径，从而实现个性化推送和点对点传播。不仅如此，用户还扮演着信息交互者的角色，在某些情境下，信息交互甚至成为用户使用新媒体平台的全部目的。新媒体不仅是信息传达的渠道，还拥有智能化的处理功能，能帮助用户筛选、组织、优化他们接收与反馈的内容。新媒体推动了交互形式的演变：群体交互通过网络社群为用户表达和分享意见提供了便利；人机交互通过智能响应系统为用户提供了更加贴心的个人服务。这些交互形式成为现代沟通的重要组成部分，极大地拓展了新媒体的功能和应用范围。

群体交互是指在新媒体使用过程中，由人与人的连接形成的交互形式。它既包括对现实环境中人际关系的"复制"，也包括社交媒体、网络游戏等虚拟环境中的群体交互形式。人机交互包含两方面的含义：一方面是指在新媒体环境下，人们收到的信息反馈往往是由算法加工或分发的；另一方面是指人们与硬件设备进行的互动。环境交互是 5G 时代新媒体正在发展的交互形式，其在人与人交互的基础上，能使人与物、物与物的交互得到立体化呈现，家庭、交通等环境交互形式得到进一步应用和拓展。

---

① 李良荣，方师师. 网络空间导论 [M]. 上海：复旦大学出版社，2018.

三、新媒体的特征

媒体本身属于技术变革的产物，其外在形态和传播方式与技术有着密不可分的关系，新媒体更是如此。

新媒体类型多种多样，包括门户网站、搜索引擎、电子信箱、网络游戏、虚拟社区、博客、网络电视、数字电视、网络杂志、手机报等。它们有的属于新兴媒体，有的属于新型媒体。对生活影响较大的当数网络媒体和手机媒体，甚至手机被一些学者称为第五媒体，它集广播、电视、报纸、互联网于一体，还具备其他媒体不具备的属性。

新媒体类型的划分标准多种多样，可以按照渠道划分，也可以按照形态划分，甚至可以按照时间线索划分。但是无论怎么划分，新媒体的特征都不会发生改变，主要表现为以下六点。

（一）超媒体性

超媒体性是指在多种媒体中非线性地组织和呈现信息，是超文本[①]的延伸。超文本可以按照信息之间非线性的关系进行信息的存储、组织、管理、浏览，从而可以使受众根据自己的喜好阅读文本信息。早期，网络只能传输文本信息，而现在依靠数字技术，新媒体平台可以为使用者提供文本、图像、音频等多种形式的信息，这些信息同样按照超文本的方式组织。用户不仅可以获取文本信息，还可以获取视听体验，这便是新媒体的超媒体性。

（二）交互性

交互性是新媒体区别于传统媒体的突出特点。它包含两层含义：第一，信息传播者和接收者之间的信息传递是双向的；第二，参与信息流动的个体对信息流动的控制具有一定自主权。传统大众报刊、广播等往

---

① 超文本是超级文本的中文缩写，指运用超链接的方法将不同的文本信息组织在一起。

往以单向传播为主，用户虽然可以主动选择信息，但是和传播源之间的互动往往是匮乏的甚至是没有的。然而，新媒体为用户创造了实时交互的环境，用户与用户之间、用户与信息源之间可以实时互动。

移动互联网的普及为人们提供了便捷的信息传播渠道，任何人都可以是信息的接收者和发送者，实现了真正意义上的信息双向流动。新媒体使用户拥有了对信息流动的控制权，可以依据自己的兴趣和需要有选择性地交流信息。而且，有了虚拟现实技术的加持，信息的交互进入更深层次的领域，未来新媒体的交互将会是万物互联的交互，且交互由"刻意"变得自然。①

（三）超时空性

受地域、时间等因素的影响，传统媒体无法及时传递新闻和信息，也未实现真正意义上的全球化传播。新媒体则突破了这一局限，利用移动互联网、卫星通信技术，打破了时空限制，只需两台终端，便可以实现信息的传递。另外，移动互联网的发展，使得新媒体摆脱了有线网络的限制，实现了更大范围的传播。

新媒体大大提升了信息交互的速度，实现了即时和双向传播。传统媒体的传播是单向的，用户不能直接进行反馈。而新媒体实现了信息的双向传播。在移动办公平台，不同用户可以发起线上谈论，建立多人讨论组，由此网络人际传播进入网络群体传播的时代。

（四）个性化

新媒体环境下，用户拥有独立的接收终端，且每台终端都有独立且唯一的身份标识，如 IP 地址、手机号等。在这种条件下，用户不仅对信息具有较高的控制权，还可以实现个性化筛选，定制符合自己需求的信

---

① 王长潇，刘瑞一，梁天屹.多维视野中的网络视频传播 [M]. 北京：中国传媒大学出版社，2021.

息。用户在长期使用新媒体的过程中形成的习惯和喜好均被记录下来，形成特定的信息接收标签，平台可以依据用户的标签进行个性化的信息推送。这样，每一个新媒体用户都可以获取个性化的内容，而"大众传播"也变成"私人订制"。随着大数据和智能算法技术的发展，新媒体逐步向人工智能、人机互动方向延伸，能更懂用户的心理，从而为用户提供更具针对性的内容和服务。

（五）虚拟化

新媒体是数字化平台和数字化信息的集合，并且塑造于一定的虚拟空间中。数字化信息以比特（"0"或"1"）的排列组合来表示和传播，人们可以方便地通过调整比特的排列来修改信息甚至制作虚拟的信息。近年来，人工智能技术逐渐走进大众视野，机器人写作和机器棋手便是典型代表，虚拟现实、增强现实等技术让现实和虚拟之间的界限不断模糊，新媒体虚拟化的特点更直观地呈现在人们面前。

虚拟化不仅指信息本身的虚拟化，还指传播关系、传播流程的虚拟化。人类之间的信息传播是建立在人际关系网络上的。传统媒体形式下，信息传播者和接收者的角色比较固定，且比较明确。但在新媒体环境下，信息传播者和接收者的角色比较随意，且很多时候双方是用虚拟身份进行交流的，所以人际关系也有一定的虚拟性质，而这种虚拟性质将极大地改变人际关系的模型。①

（六）平台化

新媒体不但拥有媒体的信息传播属性，而且自带平台属性。新媒体的平台化特点体现在其为用户提供了一个集成的服务和内容分发系统，打破了传统媒体单一的信息传递路径，使得内容创造、分享和管理去中心化，用户能够在同一个界面接触到多样的信息并进行互动。平台通过

---

① 刘雪梅，王泸生．新媒体传播 [M]．广州：暨南大学出版社，2018．

算法推荐个性化内容，增强用户体验，同时促进了广告和商业模式的创新。平台化使得新媒体不仅是信息的载体，更是社交和商业活动的聚合地，这一特点正在不断地重塑着传播生态和商业结构。

新媒体的特征如图 1-1 所示，不同特征之间既各自独立，又整体统一。一条新闻资讯并不能完全体现出以上全部特征，但至少能具备三个以上的特征，但是一般一个周期的信息或者一个信息群是能将全部特征囊括在内的，这些特征也造就了新媒体平台的传播优势。

图 1-1　新媒体的特征

四、当下媒体环境的新特点

（一）移动社会化媒体

移动社会化媒体也叫"移动社交应用"，指的是在手机、平板电脑等便携式终端设备上以移动应用程序的形式存在的社会化媒体。可见，移动社会化媒体主要有两个基本要素：一是移动应用程序；二是社会化媒体。首先，移动应用程序是指由用户自行下载安装在智能移动设备中的第三方应用程序。用户安装完成后，不需要登录浏览器或访问网址，点击一下桌面的软件图标即可进入查看内容。其次，需要了解社会化媒体的基本内涵。社会化媒体具有公开、参与、社区化、联通性、交流等特征，这种以 web2.0 技术为基础的网络应用，给予了用户极大的参与空间和广阔的交流平台，用户可以在这个平台上通过文字、视频、音频、图片等多种形式来分享自己的知识、经验以及在生活中的一切发现，即用户可以自己生产和创造内容。

在移动技术日臻成熟、移动设备日益普及、移动互联网广泛覆盖的今天，社会化媒体的影响力越来越凸显。社会化带来的低营销成本、精准营销渠道以及较高的便捷性都提升了用户对新媒体的黏性，社交化、本地化以及移动化成为互联网的发展趋势。当前，社会化媒体发展呈现出井喷式的繁荣，社会化电子商务、社会化图片分享、社会化在线问答等全线崛起，种类齐全、形式多样的社会化媒体涵盖了大部分的互联网应用，并结合移动互联网开发出了更多的移动应用形式，大大促进了传统社交网络格局的转变。结合已开发出的社会化媒体及其最新发展，可将互联网时代下的新媒体应用分为以下四种类型。

1. 核心网络

核心网络是指成熟度较高、功能相对独立并占据网民大量时间的平台。微博和微信拥有较高的访问率，是核心网络的代表。微博以其即时信息发布和流转功能被视为公共讨论平台，具备将某一话题迅速推至公众视野的能力。微信是生活圈子的缩影，通过即时通信、朋友圈分享、支付功能等整合了社交和生活服务，成为人们生活中不可或缺的一部分。这些核心网络平台通过不断的技术创新和服务优化，巩固了自己在信息时代的核心地位，同时逐步形成了各自独特的生态系统。在这些平台上，用户不仅能消费内容，还能创造内容，甚至能参与内容的筛选和推荐，这在一定程度上重构了信息的生产和流通机制。随着移动互联网的普及和人工智能技术的应用，核心网络平台的影响力仍在不断扩大，它们正逐步演化为更为智能化和个性化的信息交互空间。从总体上看，核心网络的用户年龄多集中在 20～35 岁，且性别占比较均衡。

2. 基础功能网络

基础功能网络是指为其他平台或网民生活提供基础性功能支持的平台。其中，位置签到服务和其他各类社会化媒体相结合，应用于休闲娱乐、生活服务、社交和商业中，得到了用户的青睐。而社会化在线问答通过集聚各领域的专业人士为大众提供专业的知识，开创了全新的问答平台。

3. 增值衍生网络

增值衍生网络是指功能依托于核心网络及其他网络的一些新兴平台，通过对核心网络提供的基础服务和内容进行拓展、优化或特色化处理，为用户创造更多附加值。这种网络通常不独立存在，而是依附大型的社交平台、搜索引擎或电商平台，通过提供专业化的内容、定制服务或增强用户体验来满足特定群体的需求。例如，针对某个核心社交平台的第三方工具应用，或者依托大型视频平台的各种专题视频频道，都是增值衍生网络的体现。这类网络的存在，不仅丰富了互联网的生态多样性，也为核心网络平台增强用户黏性和加速商业变现提供了新的机会，推动了互联网经济的进一步细分与专业化发展。

4. 新兴／细分网络

新兴／细分网络是指功能相对单一、针对特定人群或特定模式的更为新兴的一些平台。其中，在线旅游和社会化图片分享发展最为迅速，其以移动设备为主要载体，可以用第三方账号登录，也可以独立注册账号使用，新兴／细分网络正在向专业化、细分化、社会化的方向发展。

（二）资讯视频化

在新媒体时代，网络媒体、手机媒体、互动媒体等新兴媒体在民众生活中迅速普及，这些媒体拥有报纸、电视、广播等传统媒介所不具备的传播机制，改变了民众在信息内容选择、信息接收方式等方面的习惯。尤其是在移动互联网技术高速发展的今天，5G网络开启了新的高速上网时代，智能终端丰富多样，使得民众对网络内容的需求和获取呈现出新的变化。网民不仅可以轻松拍摄小视频，甚至可以拍摄微电影。而且，网络视频覆盖了从新闻到电影等方方面面，只要有移动设备在手，人们就可以随时随地从网上查找自己想看的视频，这预示着人们已经进入资讯视频化的新媒体时代。

第二节　新媒体的分类及其对传播的影响

网络的出现彻底改变了信息的传播格局，人类通过网络打开了一个全新的世界，信息的快速传播使人与人之间的联系更加密切，从某种角度讲，这使得人类文明发展的效率大大提高，促使人类文明进入更加宏大的进程中。但从另外的层面讲，"地球村"逐步形成，地域不再是限制人类发展的瓶颈，依托网络技术的新媒体技术更是对人类产生了不可估量的影响。洞悉新媒体的分类及其对传播的影响，有助于高校教育管理事业的发展。

一、新媒体的分类

新媒体是以现代信息技术为基础，借助电子设备传播信息的一种媒体形式，主要包括互联网新媒体、手机新媒体和数字电视新媒体。每一种新媒体都有其独特的形式和功能，均对人们获取信息的方式产生了深远影响。互联网新媒体是基于互联网构建的。互联网把不同类型和规模的计算机网络，包括小规模的局域网、城市规模的区域网和大规模的广域网连接在一起。这样，无论是计算机终端，还是客户端，抑或服务端，都可以相互联系，实现信息的交换和共享。手机新媒体主要包括手机短信和手机电视等，主要满足用户随时随地分享和获取信息的需求。数字电视新媒体则是以数字电视为基础的新媒体形式，包括数字电视、移动电视和户外新媒体等，主要为用户提供更丰富的视听体验。

（一）互联网新媒体

互联网新媒体的表现形式多种多样，如博客、播客、维客、网络电视、网络广播和网络报刊等，使人们可以轻松地与远在千里之外的其他人收发邮件或共同完成工作等。

1. 博客、播客、维客

（1）博客。博客是网络日志的简称，来自英文单词"blog"，是人们在网络上发布的流水记录。用户可以通过博客，以简易、迅速和便捷的方式发布自己的想法或心得，也可以即时、有效、轻松地和他人进行交流，展示个性化的内容。

（2）播客。播客是一种新兴的传播媒介，为个人提供了一种全新的表达渠道，并创造出了许多"个人明星"。不仅仅是个人，播客也为公司等组织机构开启了新的传播路径。随着5G时代的来临，视频节目将成为播客的主要盈利点，而播客也会不断扩展到其他领域。

（3）维客。维客的原名为wiki，据说源自夏威夷语"wee kee wee kee"，意为"快点快点"。维客系统是一种便于用户参与编辑的在线合作平台，最知名的例子便是维基百科。人们可以在维客上迅速获取和编辑信息，这种开放的编辑方式颠覆了传统的信息审核机制。

无论是博客、播客还是维客，它们的即时性、自主性、开放性和互动性都为人们提供了一定程度的话语自由，满足了人们自我表达和张扬个性的需求。同时，这些新媒体也在不断地加强媒介的汇流和互动，改变着网络时代的社会形态和群体景观。

2. 网络电视

（1）网络电视的定义。网络电视是一种基于互联网技术的新型电视播放方式，可以通过网络连接将电视节目传输到用户的电视机上，并成为当前一种流行的视频节目传输方式。运用宽带网络、交换技术等高科技手段，网络电视可以为人们提供各种类型的视频节目，还可以提供相关的增值服务。

（2）网络电视的特性。网络电视的出现使观众不再受观看的时间、地点和环境的限制，可以随时随地收看自己喜爱的电视节目。网络电视具有智能化特性，具体体现在可以对节目内容进行预览，而无须像传统电视那样手动调节频道进行搜索。此外，网络电视还能将手机中的照片或视频传至电视上，或将喜欢的节目分享给朋友，与家人和朋友分享美好的瞬间。其内容丰富多样，可以满足人们对观看内容的多样化需求。

（3）现代化的服务模式。建立在数字电视基础上的网络电视，当前通常采用两种服务方式：计算机终端以及普通电视机＋网络机顶盒。

计算机终端。这种方式利用计算机强大的信号和信息获取能力，使网络电视呈现出多样化的内容。随着流媒体技术的发展，网络电视还可以为消费者提供更丰富的网络资源。

普通电视机＋网络机顶盒。这种方式将传统的电视观看方式转变为互动的方式，丰富了家庭娱乐方式。虽然这种方式可能会增加一些费用，但是可以为用户提供个性化的服务方式和丰富的内容，还可以增加网络电视新媒体的经济效益。

3. 网络广播

网络广播是一种使用 IP 协议，在互联网上以计算机为终端进行音频传播的服务。网络广播拥有自身独特的原创节目和互动方式，利用简易信息聚合（really simple syndication，RSS）和播客技术，其发展空间得到了前所未有的扩大。

网络广播的主要问题包括以下三个：一是缺乏盈利模式；二是受终端设备的制约；三是商业网站的节目资源短缺。因此，从发展趋势来看，传统广播媒体开设的音频网站仍将占据主导地位，因为它们拥有丰富的节目资源和专业的广播节目制作队伍，且公信力强大。随着媒体体制和机制改革的深入，网络广播的传播理念和节目形态不断创新，传统广播和网络广播通过联动提升双方的价值将变得越来越普遍，这使得传统广播媒体在运营网络广播方面的优势更为明显。

4. 网络报刊

网络报刊是通过互联网发布和传播的报刊，包括网络报纸和网络杂志。网络杂志也称为电子杂志或互动杂志，它们主要依赖计算机技术、电子通信技术和网络技术进行编辑、出版和发行，通常以 Flash 为主要载体，并独立于网站存在。电子杂志结合了平面和互联网的特点，可以将图像、文字、声音、视频、游戏等呈现给读者。电子杂志的延展性强大，可以移植到掌上电脑（personal digital assistant，PDA），手机，掌上游戏机，数字电视等各种个人终端中，供读者阅读。

（二）手机新媒体

1. 手机成为"第五媒体"

手机已经极大地改变了人们的通信和信息传播方式，它不仅仅是一种通信工具，而且已经发展为紧随报纸、广播、电视和网络之后的"第五媒体"。同时，手机媒体也与报刊、网络、广播和电视等其他媒体产生了相互渗透的现象。手机媒体主要是借助手机进行信息传播的媒体，其主要优势在于高度的便携性、互动性、网络化以及庞大的用户基数。

随着移动通信和互联网技术的快速融合，手机迅速崛起为新的媒体形式。通信技术和计算机技术的发展和普及，使得手机逐步转变为具有通信功能的微型电脑，因此手机媒体逐渐成为网络媒体的延伸。

短信的出现赋予了手机报纸的功能，彩信的出现则使手机拥有了广播的功能，手机电视的诞生使手机具备了电视的功能，而无线应用协议（wireless application protocol，WAP）和宽带网络则赋予了手机互联网的功能。

2. 手机电视

手机电视是指使用手机等便携式手持设备来传播视听内容的技术或应用。手机电视结合了电视媒体的直观性、广播媒体的便携性、报纸媒体的滞留性以及网络媒体的交互性。

目前，手机电视主要有两种实现方式：第一种是通信方式，即利用移动通信技术，通过无线通信网络向手机提供点对点的多媒体服务；第二种是广播方式，即利用数字广播电视技术，通过地面或卫星广播电视覆盖网向手机、笔记本电脑以及车、船上的小型接收终端提供广播电视节目。这种方式的特点是一对多传播，传输图像质量高、覆盖面广、经济实用、接收终端广泛，手机只是诸多接收终端中的一种。

（三）数字电视新媒体

1. 数字电视

数字电视是指在节目信号的捕获、记录、处理、传播、接收和显示等所有环节中都使用数字技术的电视系统。数字信号的传播速率可以达到每秒 19.39 兆字节，这种大数据流的传递保证了数字电视的高清晰度，克服了模拟电视的先天不足。数字电视可以同时支持多种制式信号，每个数字频道还可以细分为几个子频道。这种设计既可以用一个大数据流进行传播，也可以将其分为几个支流。

随着各国陆续制定数字电视标准和明确模拟电视信号关停时间表，数字电视市场正在迅速崛起。我国的数字电视开发商和制造商都在全力设计个性化、高性能的数字电视产品。与模拟电视相比，数字电视可以使观众接收到更高质量的电视信号，同时可以实现从被动接收到主动点播的转变，不再受节目播出时间的限制。尽管数字电视在我国的推广进程并未想象中顺利，但是其商业潜力仍然被许多企业看好。

2. 移动电视与户外新媒体

从狭义上讲，移动电视是指在公共汽车等可移动物体内通过电视终端，移动地收看电视节目的一种技术或应用。从广义上讲，移动电视是指一切可以移动方式收看电视节目的技术或应用，这就包括了狭义上的移动电视、手机电视等。移动电视的最大特点是，即使是在时速120千米的交通工具上，也能保持信号稳定和画面清晰，使观众可以在移动状态下收看电视节目。

户外新媒体是一种与传统户外媒体如广告牌、灯箱、车体广告等不同的媒体形式，是指安放在公众可以直接看到的公共场所的数字化媒体设备，如LED大屏幕、投影设备、广告机等，是移动电视的重要补充。户外新媒体的特点是观众群体广泛，传播效果好。随着科技的发展，户外新媒体的形式和内容也在不断丰富和改进，如增加了触摸屏、虚拟现实等互动功能，使得观众不仅可以观看，还可以参与互动，提高了观众的观看体验和传播效果。

移动电视体现出一种强制性，表现在观众无法自主选择频道，只能被迫观看播放的内容。这种传播方式的优势在于，它可以充分利用观众的"无聊时刻"，如等待公交、乘坐电梯等时刻，播送预设的内容，如广告，从而达到有效传播的目的。这种传播方式最大限度地拓宽了"无聊经济"的利润空间，通过充分利用消费者在无法选择其他娱乐形式的空闲时间，实现信息的有效传播。

二、新媒体传播的特征

随着互联网技术在传播领域的深度应用，传播呈现出一定的互联网特征，传播语言本身也在不断变化。在互联网技术发展程度较低的年代，媒体传播大多只是将传播语言与互联网这一渠道进行简单相加，这种简单相加可以理解为信息传播和互联网的物理结合，即将原有的报纸、杂志、电视、广播的内容生硬地搬到网络上。但随着互联网技术的不断发展，媒体传播呈现出便捷性、及时性、大众性、公共性的特点。

值得注意的是，互联网技术更迭十分迅速，新媒体不会像传统媒体那样具有一定的稳固性，从互联网兴起之时的"图文"传播到今天的"直播"式传播，互联网传播发生了颠覆性变革。因此，这里所指的特点不是对新媒体传播的不变性进行探究，而是对其在发展过程中的多样化特征进行阐释。

传播语言和传播内容是传播最重要的两个方面，这两个方面贯穿整个传播过程。接下来，笔者将分别对传播语言和传播内容的特征进行论述。

（一）新媒体传播语言的特征

新媒体传播语言可以简单地理解为网络语言，新媒体传播语言并非毫无规律可言，可以从以下几方面进行把握。

1.情感表达具象化——以表情包为例

情感表达具象化的特点是从出现表情包开始的。情感表达的具象化标志着网络交流风格的一次重大转变，这一转变始于网络表情包的诞生。网络表情包的出现，源于对年轻用户群体交流习惯的深入洞察。在互联网发展初期，为了吸引年轻人使用在线通信软件，开发者开始探索这一群体的特点，特别是年轻人的语言交流方式，结果一系列生动、形象的表情包被创造出来。但是早期的表情包和如今的表情包是有较大差异的。1982 年，美国率先发布了第一个网络表情包":-)"，分别由英文状态下的冒号、数学减号、右括号组成，借以表示笑脸；与此对应的还有":-("，表示哭脸、悲伤。此后，日本在标点符号组合的基础上创造了"颜文字"，如"^_^""^O^""(*^_^*)"。随着即时通信技术的进步，尤其是 3G、4G 技术的进步，图片和文字的结合可以作为一个整体被发布出去，这就形成了表情包。在我国，表情包是在 2008 年以后丰富起来的，当时的网民发现了"囧"字后，以其外在的形式，再结合当下各种符号的意义，重新建立起用法新颖的新媒体语言表达。

随着相关的衍生技术的不断成熟以及网络社群之间差异性的逐步增强，如今的表情包更加具象化，能直接地将信息传播者与接收者的神情表达出来，弥补了文字无法直接传递神情的不足。如今的表情包已经十分具象化，并且呈现出个人化与多样性的特征。个人化表现在图片编辑处理工具的使用准入门槛降低，网友可以自行制作表情包，且制作表情包的素材十分丰富，经过简单处理后便可使用。多样性体现在随着互联网技术的发展，不同群体均开始接受和使用网络通信工具，不同群体之间的信息传播开始呈现出各自的特点，表情包的使用也同样如此。例如，中年群体往往喜欢使用一些比较直白的表情包，并不十分追求新潮，且其常用表情包可能很长时间也不会更新；青年群体则更加追求潮流，喜欢用各种热词和网络事件来表达情感。另外，同一表情所承载的情感意义也出现了分化，以 QQ、微信、抖音等软件自带的第一个"微笑"表情为例，该表情整体是一个黄色圆形的脸庞，脸庞的上半部分是两个竖直椭圆形的"双眼"，下半部分则是一个月牙形的"微笑"。在"70 后"群体中，这一表情承载的是其原有"微笑"的含义，但是在"90 后""00后"群体中，该表情的含义就是"笑里藏刀""强颜欢笑"。

2. 以表达自我为中心——以网剧为例

最早提出网络剧概念的是上海戏剧学院研究生钱钰，她在 1999 年发表的《"网剧"：网络与戏剧的联合》一文中提出将互联网与戏剧进行组合，姑且简称"网剧"，指通过国际互联网传送，由电脑终端机接收，实时、互动地进行戏剧演出的一种新的戏剧形式。[①]这一概念可以理解为戏剧和网络的简单相加，这是由当时技术发展不够成熟，学者研究深度不足导致的。随着互联网的发展以及与网络相关的衍生技术与产品的问世，网剧逐步演变为各种草根人物借助网络进行自我表演及表现的热衷之物。网剧发展所用时间非常短，仅十年左右的时间，不仅实现了"从0到1"的突破，也实现了"从1到100"的积累。值得注意的是，网剧的超高速发展时期和中国影视行业大成本制作的发展时期是吻合的，网剧以低廉、简约为自己开辟道路，大制作以精美、高端为自己探索市场，自此分别在网络中各占半壁江山。但是，大制作并不一定就能赢得市场的认可，小制作也不一定只能"喝汤"。就以2005年上映的大制作电影《无极》为例，该剧至今依然饱受争议，而网友根据该影片的剧情自发拍摄的网剧《一个馒头引发的血案》却赢得一片好评。

如今的网剧发展呈现出专业化、产业化的特点，网剧制作的牵头人从网友变成资金实力更加雄厚的各大网站，但网剧的创作和管理仍然属于一个比较新的命题。相对于传统的影视剧制作来说，网剧的内容更加灵活且容易引发网友共鸣。网剧本身就是一个快节奏时代的产品，在如今网剧迸发的时代，一部优良的网剧要想脱颖而出，必须能快速抓住观众的眼球并想办法引起观众的共鸣，所以在内容制作上，网剧更加侧重以个人为中心，旨在让观众有更加强烈的代入感和更加深刻的体验感，重视观众的心理变化。网络的便捷性使视频制作有了更加自由的空间，内容和形式更加灵活的微视频、直播开始占据更为重要的地位。

3. 影像及时化——以微视频为例

如果说网剧是张扬个性的产品，那么随着4G、5G技术的普及、网

---

① 钱珏．"网剧"：网络与戏剧的联合 [J]．广东艺术，1999（1）：41-43.

络视频制作技术的逐步成熟，网络媒体视频发布渠道变得更加丰富，相较于网剧，微视频所显现出的新媒体特征也越发明显。2005 年，诞生于美国的 YouTube 被认为是微视频网站的鼻祖，其创造性地让每个注册用户均有发布视频、建立个性化视频发布库的权利，以及对其他视频内容进行评价的权利。UGC 模式初步形成，用户由网站的使用者变为网站内容的发布者和创作者。自 2005 年开始，我国的视频网站也如雨后春笋般冒了出来，各个视频网站不惜花重金补贴用户，以鼓励用户进行内容的生产与发布，各大网站纷纷加大投入抢夺用户。如今，"百团大战"的局面已经不复存在，几家优质媒体已经稳固脚跟，视频内容更加丰富和多样化，用户体验也得到进一步提升，网络微视频的传播特点也更加分明。

其一，在视觉语言上，同城市快节奏、碎片化的生活方式相契合，利用较短的时间完成内容的表达。当下城市生活节奏比较快，文化消费者没有太多时间用于浏览较长的视频，因而慢慢将兴趣放在短视频上。这种对文化消费的新需求便是微视频崛起的一个重要原因。同时，以展示自身日常生活的视频作品开始呈现在大众面前。这一类视频制作者拍摄的可能是某个略有新奇色彩的场景，也可能是自己认为具有一定纪念意义或趣味的生活片段，受到了有相同爱好或生活经历的人的肯定。同时，各大新媒体公司也纷纷推出了自身的微视频产品，其内容千差万别，但均可以在短时间内快速传递给观看者，这也成为这类微视频的普遍性特征。

其二，在更加即时性、随意性的基础上发展。微视频相较于网剧来说，时间更短，制作成本更低，对制作者需要具备的物质基础和拍摄能力的要求也较低。事实上，只要会用手机录制视频、上传视频，并掌握镜头语言的基本表达方式，任何人都可以成为微视频的创作者。毫无疑问，专业化的录音设备与摄影棚是大多数微视频制作者不具备的条件。于是，微视频的听觉语言不可避免地出现了背景音、杂音等，视觉语言也出现了一些缺憾，使得专业人士对此并不看好。然而，这并没有成为微视频发展的短板，反而成了模拟现实感的重要因素。受大量专业化影视作品的影响，现实生活中的复杂、流动的状况被抽离为各种固定的意象，观众也逐渐欣赏起制作水平不高的作品所带来的拟真感。这是微视频能够赢得市场的原因之一。

其三，微视频还构建了在网络空间中直接对日常生活进行展示的图景。原有的专业影像制作所形成的视觉语言、听觉语言规范真正受到草根化、大众化自我表达的冲击。在视觉语言上，微视频以影像记录和表达为中心进行建构。在听觉语言上，微视频用其所表达的生活情境目标代替了原有影像制作的各种专业性规定。在面对这些新媒体视频时，人们也是以随意、娱乐甚至是猎奇的心态接受的，而这种观赏心态无疑又对新媒体的传播语言风格进行了强化。

4. 侧重个体的展示——以网络直播为例

网络直播又称在线直播，是指在互联网平台上对表演、展示、互动等行为的实时呈现，是一种新兴的网络娱乐行为。网络直播借助互联网的优势，利用视讯方式进行网上现场直播，可以将产品展示、相关会议、背景介绍、方案测评、网上调查、对话访谈、在线培训等内容现场发布到互联网上，利用互联网的内容丰富、交互性强、地域不受限制、受众可划分等特点，加强活动现场的推广效果。网络直播可以被理解为一种具有及时性和互动性的长视频，会呈现不同类型的内容。然而，究其本质，网络直播始终属于一种带有设计感的展示方式。这种展示破除了传统的媒体形式，向非专业化、大众化倾斜。具体来说，网络直播主要呈现出以下特点。

其一，视觉语言表达的专业化程度较低。网络直播更加强调还原性，这种还原性不仅是对生活情景的还原，还有对艺术情景的还原。如果说网剧在被认可之后，吸引了一大批实力雄厚的经纪公司进入该行业，呈现出一定的专业化色彩，那么，网络直播凭借语言形式上的创新和技术上的加持，至今仍然保留着很大程度上的非专业化特征。目前的网络直播大多采用固定化拍摄的模式，大部分主播往往不会专门聘请职业摄影师进行拍摄，而是使用一些普通的摄像头进行拍摄，创作出来的内容也更加追求真实感，而不是影视剧那样的故事感。网络直播更不会倾向于采用蒙太奇手法进行传导。

其二，网络直播注重交互的即时性。网络直播是一种通过互联网传输的实时视频广播技术，允许人们在全球范围内实时分享和观看视频内容。它摒弃了传统媒体的时空限制，让观众无论身处何地都能即时观看到各种事件和节目的直播。通过电脑、手机等终端设备，用户可以接入网络，通过专门的直播平台或社交媒体观看直播。这种形式支持高度互动，观众可以通过弹幕、评论、点赞等方式与主播或其他观众实时互动，增加了观看的趣味性和参与感。网络直播的内容极为广泛，从游戏、教育、健康讲座到大型活动、音乐会甚至是个人日常生活分享，都成为人们喜爱的直播内容。

（二）新媒体传播内容的特征

随着互联网技术的不断成熟、新媒体语言的不断革新，新媒体传播内容的特征也更加显著。

1. 拟真化

真实为何物，这是哲学一直在争论的话题。在新媒体传播语言构建的过程中，有关真实的命题可以理解为"在互联网平台中，真实感是如何被设计的"。

从历史发展进程来说，互联网加速了各种文化工业的发展。技术的进步甚至让人们分不清歌手是在真唱还是假唱。此外，由于影视制作工艺和技术的空前发展以及互联网的低门槛性质，一个"真实观"的世界被慢慢营造出来，这种带有"真实观"的世界并非对现实世界的直接复制，同客观世界相比，其属于一种被设计的真实，始终是难以替代现实世界的。但是同传统媒体相比，其专业化程度又令人瞠目结舌，其真实性和现实感又让人仿佛身临其境，尤其是在虚拟现实、增强现实技术的加持下，现实和虚拟融合为新的"真实世界"，这是新媒体传播的重要性质。

2. 实时沟通

人类在刀耕火种的年代就实现了信息传播，从当初的口耳传播到文字传播、从广播时代到电子时代，传播行为在不断更新和超越。单向传播是传统媒体最为重要的特性，以报纸为例，一份报纸售卖到读者手中，就实现了一次传播。读者只能单向接受报纸的内容，而没办法对其内容进行反馈，自己的意见也很难迅速传给编辑。随着电话的普及，这一问题得到了一定程度的改善，但是电话也存在着较大的局限性，且不说其实效性的问题，电话还无法实现个体向群体的传播。直到网络出现这些问题才得以彻底解决。从表情包到直播，可以预见的是，随着技术的加持，网络传播语言会变得更加丰富，即时性也会更强，且会实现个体向群体的传播。原有的单一语言通道被打破，围绕某个作品的沟通逐步变为围绕某个平台的沟通。

3. 个性化构建

现代以来，单一声音向大众进行传播的行为一直是人文学者所忧心的话题。出于对未来个体主体性消失的忧思，各国均开始警惕文化工业化带来的弊端，认为未来以机械批量生产为主要特征的社会生产不仅会影响物质生产层面，还会影响精神生产层面。学者普遍用"单向度的人"来代指发达工业社会的理性化、制度化对个人深层次上的规训。该代指存在一定的合理性，但随着时间的推移，文化工业内部也出现了新的特征，主要体现在针对固定的、标准化的文化产品，不同社群出现了多样化的解读方式。而在互联网时代，各种群体在新媒体网络空间中主动运用传播语言，建构了自身的文化意象以消解和抵抗消费主义文化。对此，人们很难武断地说这些网络文化意象完全应验了法兰克福学派的忧思，同时也不能说完全绕过了反主体化的陷阱。可以确定的是，新媒体传播语言给在现实社会空间中潜藏的各种亚文化社群以全新的生长空间。同时，不同群体适应这一传播语言的过程，也是其适应新媒介生态、重新认识自我的过程。奥康诺等指出，不同形式的阅读行为可以塑造出截然不同的个体，阅读大量印刷品和在教堂中集体祷告的差异便生成了不同的个体。① 也就是说，新媒体语言的生成和特征必须同后现代的社会文化环境相结合，才能超越简单经验性的特征总结，从而形成整体性判断，并获得新媒体传播语言。

三、新媒体对传播的影响

一个完整的传播链条由五部分构成：传播者、传播信息、传播渠道、受传者及受传者反馈。而且，这五部分都未能摆脱新媒体的影响。

（一）对传播者的影响

传播是信息的传播，也是人的传播。人是信息传播的主体，新媒体对传播者的影响是巨大的。新媒体将人类带入人人都是传播者的时代，这对传统媒体单一话语权的秩序是一种巨大的冲击。新媒体将传播的话语权分给每一个参与者，这是一种"去中心化"的表现。新媒体发展早期，有人甚至判断其有"乌托邦式的前景"，即新媒体会构建一种绝对平等的信息传播与接收平台，人人都有发言权，人人都可以是"把关人"。但是在后来的实践中，所有参与网络构建的参与者都能感受到"去中心"并非"无中心"，传统媒体凭借其在资源和资本上的优势，仍然能在新媒体平台树立起权威的地位，虽然较以往来说缺乏绝对的信息把握能力，但是仍然可以获得很大的关注。此外，"草根红人"通过早期的

---

① 奥康诺，顾鑫，张良丛，等 . 艺术、产业和现代化 [J]. 马克思主义美学研究，2010，13（2）：48-71.

发力引流，在积累起一定的资源优势后，也会选择成立经纪公司、文化公司等。虽然普通人也拥有了发声的权利，但是受制于资源、影响力范围，发布的信息往往会瞬间消失于网络信息的洪流中，就好比将一滴水滴进了太平洋。

（二）对传播信息的影响

传统的媒体信息发布一般要经历采编、整理、审校、审核、印发等多个环节，每一个环节都要对上一个环节进行把关，新闻把关人须为信息的权威性做出保证。而在新媒体时代，快节奏的信息发布形式降低了新闻把关人的地位，为了保证信息流通的即时性，新闻把关行为被严重压缩，这也导致了新闻失真情况的出现。

为了适应当下快节奏的传播，传播信息的内容更加趋于通俗化和扁平化，文章的长度被压缩，文章的内容被精简，视频的长度被压缩且更加侧重平白叙事，信息发布者不遗余力地希望能占用用户更多的碎片化时间。

同时，快捷和便利的传播方式也为信息的传播打开了新世界，万物互联的趋势让信息不再局限于人与人之间的互动，人机互动成为影响人类传播的大事件。

（三）对传播渠道的影响

信息不能凭空传播，必须依托一定的媒介。从宏观上看，可以将这种媒介理解为现实材料和虚拟技术。将文字写于书本上，就是依赖现实材料的传播；双方之间通过电话进行信息的传递，便是依赖虚拟技术的传播。新媒体的发展更依赖虚拟技术，技术的加持让天各一方的双方能"直面"对方，并即时完成信息的流通。在互联网大背景下，不同类型的信息都找到了各自的细分平台，如以微博、抖音、微信公众号为代表的互联网新媒体平台，分别给短文本、微视频、长文提供了传播渠道。信息传播渠道的畅通为海量信息的迸发式传播提供了便利。

（四）对受传者的影响

互联网已经从早期的"野蛮生长"阶段走向"精耕细作"阶段。人们更多的是对互联网中的信息感到新奇，而不是对互联网本身感到新奇。为了更加切合受众的需求，人工智能技术、大数据技术被广泛应用到信息传播过程中。个性化推荐技术使得众多新媒体信息传播平台赢得了大量市场份额。

科技是一把双刃剑，在便于用户获取信息的同时，也会使用户处于同质化严重的信息海洋中，大量类似的、观点一致的信息构成了一个"信息茧房"，人们只能获取那些和自我认知相一致的信息，而与自我认知相左的信息往往获取不到，大量的同质化信息导致人们的认知越发极端和固化，无法接受与之相反的意见，进而导致群体极化现象的发生。同时，大量泛娱乐化的信息充斥于网络中，甚至出现"娱乐至死"的现象，这给用户带来了很大影响，这种影响不仅仅是认知上的，还有身体健康上的。

（五）对受传者反馈的影响

新媒体对受传者反馈的影响可以说是新媒体划时代的体现，在新媒体平台出现之前，受传者的即时反馈几乎不存在，仅有的反馈还存在较大的滞后性，信息发布者无法即时获取，从而会影响信息的下一次发布。而新媒体平台凭借自身交互便利的特点，成功地将这一种状况扭转过来，用户的反馈不仅可以直接发送给信息发布者，还可以发布给其他用户。这种发散式的反馈能直接影响信息发布主体的信息筛选行为，并直接作用于下一次的信息发布。

新媒体的传播特征会在不同领域表现出不同的特征，但都属于新媒体的特征范畴。新媒体对整个传播链条都有着一定程度的影响，相关人员必须重视这种体系化的影响，不能"盲人摸象"般对某个环节轻率地下定论。

第三节　新媒体的未来发展趋势

随着科技的飞速进步，新媒体将引领信息传播和人类沟通方式的变革。云计算、大数据、人工智能和物联网的融合将使新媒体更加智能化和个性化，为用户提供前所未有的定制化体验。当下新媒体发展的总趋势是媒体融合，具体体现在跨域传播和全媒体崛起两个方面。洞悉新媒体的发展趋势，借助新媒体在发展过程中建立的技术优势，有利于实现高校教育管理的创新发展。

一、跨域传播

（一）传统媒体的内容形态

形态指的是在特定条件下事物的组合与表现方式，不同的元素以不同的方式进行排列，组建成了不同的形态。从媒体传播的视角看，媒介的内容形态主要包括信息内容本体及其表现形态，二者共同构成了传播活动的内容。也就是说，媒介内容形态构成了媒体内容，各个形式要素依照不同的组合方式及功能指向形成的内容存在样态，具有相对稳定的外部形式及内部构造。

每一种传播介质都有与其相适应的内容形态，也是对前一种主流介质内容形态的超越。与此同时，同一媒介的内容及其形态会随着社会的不断发展、受众需求的变化以及技术的不断更新，而不断出现新的发展与变化。

以报纸和电视为例。报纸的内容形态主要分为版面、栏目和其他一些信息内容集合形式，且这些形态处于一个不断发展的过程中。在我国，报纸作为大众传媒，发展得比较晚。近代资本主义的萌芽与发展促使报纸取得了较大发展。

最初，报纸的内容形态非常简单，只对新闻版面进行了栏目的划分。后来，又用几个固定的成语做栏目的固定标题，如"顺手牵羊"用来报道盗窃事件，"上林春色"用来报道文化教育相关事件等，这时候的作品也没有导语。辛亥革命后，电讯稿和短消息开始流行，新闻报道开始使用标题，国外的一些导语样式和新闻要素也逐渐为国内使用。五四运动后，新闻传播在内容及形式上都呈现出了多样化的发展趋势，消息、专访、报告文学等报道形式及其内容形态不断得到丰富和发展，使得报纸的样式更加多元化。

电视的内容形态主要分为频道、栏目、节目等。过去，电视重视的是节目以及报道具体的活动，但这只形成了内容信息点。后来，电视开始注重信息点的集合，于是就有了它们的集合单元——栏目，从而形成一种信息面。如今，信息面的传递已经远远不能满足社会公众对信息传递的需求了，于是就有了信息面的集合体——频道，从而形成一种具有规模性的信息传播内容形态。这样，通过信息的集约和整合，信息量得以增加，信息的传播效果也随之得以增强。

节目与节目栏目化。节目是广播电台、电视台所有播出内容的基本组织形式和播出形式。它是一个按时间段划分、按线性结构传播的方式安排和表现内容、依时间顺序播送内容的系统。以节目为本是当代广播电台、电视台的工作宗旨之一。栏目一般是相对固定的，有特定的名称、固定的播出时间。同一栏目中的节目无论是在内容还是形式上具有某种共同性或相干性。

栏目与栏目频道化。从 20 世纪末开始，我国电视竞争的主战场由栏目转移到了频道。从总目标和宗旨出发，对各类节目和栏目进行设置，合理规定它们的内容取向、风格特点、时间比例以及播出时段，最终使它们各自处于最适合的位置，最大限度地发挥自身的优势与作用，同时又与频道的整体性保持一致，具有统一风格和内在的逻辑连贯性，这就是栏目的频道化。频道在形式上具有完整性和延续性的特点，在内容上具有集约性、综合性、系统性及个性化的特点。如今，更是越来越注重根据受众的兴趣进行频道的细分，出现了综合频道、新闻频道、经济频道、电影频道、教育频道、生活频道等多种频道。

（二）新媒体的内容形态

1. 对传统媒体内容的平移与补充

传统媒体的内容形态是新媒体发展的基础，也是新媒体初期得以发展的重要原因。且不说公交电视、楼宇电视等的播放内容基本来自传统媒体的内容，也不论新媒体发展初期几乎充斥着传统媒体的大量内容，即使是现在，就互联网媒体和手机媒体而言，传统媒体的内容仍是其一个重要的内容源。

以新浪为例，其官网首页的频道划分大多借鉴了传统媒体的划分方式，如分为新闻、财经、科技、体育、娱乐、汽车、房产等。同时，各个频道信息的主要来源也是各种传统媒体。

手机媒体也是一样，以央视频应用软件为例，其将中央电视台各个频道、省级卫视、网络影视等整合在一起，既包括传统媒体的内容，也包括新媒体网络内容，向用户提供流媒体信息服务。其中，传统媒体的一些视频内容，如传统电视栏目，时长较长，不符合网络短视频简洁直接、短小精悍的需求，因此需要对这些栏目进行重新剪辑和提炼，选出最能吸引受众注意力的部分进行传播。

2. 传统媒体自身的电子化

传统媒体自身的电子化主要指报纸、杂志这样的平面媒体的全真电子版。所谓"全真电子版"报纸，简单来说，就是无纸化的新平面报纸。新平面是替代了纸张的电子平面。这种报纸兼具印刷界面与电子界面的阅读特点，受众可以看到与报纸版式完全一致的电子版，可以任意选择浏览文章、图片、广告信息，还可以打印文章以及放大字号，文章显示速度迅捷，几乎没有任何停顿。相比纸质报纸，全真电子版报纸兼具一些新的技术实现方式，如层次化、可检索等。在一些转页的地方点击链接，就可以跳转到相关页；可以在页面中通过关键字查询相关内容。同时，全真电子版报纸既可以在线阅读，也可以利用浏览器阅读。随着更多、更轻便的阅读终端的开发，相信全真电子版报纸将会迎来更好的发展。电子杂志通常指基于互联网，向手机终端用户定期发行的类杂志移动多媒体应用服务。与全真电子版报纸一样，电子杂志也与纸质杂志保持了相对一致的版面样式，并结合了新媒体的特色，如可以进行互动、下载、推送等操作。

新媒体的技术特征决定了其内容的新颖性和传播形式，这使得新媒体背景下的大众传播具备了一定的个性化、交互性等特点。其实早在论坛时代，这些特点便开始呈现。早期的论坛通常会发布一些股市价格等信息，与现实中的公告板类似。随着技术的进步，论坛具备了一定的文件传输功能，内容也更加丰富，论坛内容的创作也开始向公众开放。博客就是论坛发展的结果，原本的博客更类似于一种电子日记，由千万用户构建的博客空间包罗万象。此时，新媒体平台呈现出显著的个性化和多样化的特征。

大概从 2006 年开始，博客的内容不再局限于图文，还包括视频、音频。由此，博客进阶为"播客"，并慢慢演化为门户网站。微博的出现彻底将这场演化推向高峰，受利于移动互联网设备的发展，微博凭借技术优势和时代背景，成功取代论坛、博客等产品，成为盛极一时的资讯平台。微博使得人人都是传播者和受传者，草根文化得到一定程度的发展，这种传播模式是对以往大众传播的革命性变革。

（三）跨域传播的形成

跨域传播指的是在新媒体背景下，由于多种终端介质的存在，内容生产和传播者（媒体）对某一内容进行横跨式的生产和传播。具体而言，跨域传播主要包括跨形态生产、跨窗口呈现和跨终端／媒体传播。跨域传播遵循了传媒产业和通信产业的主要经济规律，这是新媒体内容传播的基本规律和必然趋势。

跨域传播的实现，得益于数字化的大环境，是媒体向多终端延伸背景下新媒体内容传播发展的必然方向，内容商要想在行业竞争中立于不败之地，就必然要跟随甚至引领这一趋势。总体来看，跨域传播出现的原因主要有以下几点。

第一，数字技术出现。数字技术使得内容可以根据各种终端需求进行"自由转换"，为多种内容形态的产生奠定了基础。

第二，网络无缝覆盖。无论是有线网还是无线网、卫星网还是通信网、广电网还是互联网，各种网络正在形成无所不在的"泛在"网络，实现了对各种介质的传输和对多种终端的无缝覆盖，从而为跨域传播创造了条件。

第三，媒体多终端延伸。媒体内容的接收终端突破了原有的终端范畴，各种固定终端尤其是便携式移动终端层出不穷，移动通信和手机终端的快速发展将媒体的多终端延伸范围扩展到最大，使跨域传播成为必然。

第四，范围经济导致单产品边际成本下降。范围经济，即企业同时生产多种产品，与其分别生产某种产品相比，总成本要降低许多，此时联合生产就有了范围经济性。对内容产业而言，范围经济性主要体现在利用一个信息源既能生产出传统媒体所需的内容，又能转化为新媒体所需的内容。每一种媒体状态又能够演化为不同的内容形态，由此降低边际成本。

第五，对受众的无缝传播强化了传播效果。每种传播形式和终端都有其受众群体，跨域传播对多种媒体终端的覆盖，使得信息能够被传递给更多的受众，每种渠道都有一定数量的受众，这样就能在很大程度上提高市场占有率，从而强化传播效果。

二、全媒体崛起

全媒体是一个新兴的媒体传播概念，全媒体的崛起和新媒体的发展密切相关，并逐渐引起了相关研究人员的重视。目前学术界对全媒体的定义仍未达成一致，但是可以简单地将其理解为以新媒体为基础的技术升级，更加强调媒体平台带来的综合性传播，且更加重视虚拟现实技术的应用。

（一）全媒体的概念

我国的传播学研究事业发展较晚，但是全媒体并非外来词语，外语中也没有专门单词与其对应。

从媒体应用形式看，全媒体融合了视频、音频、图文等多种新媒体形式，并在此基础上加入算法技术和大数据技术对内容进行梳理，还利用虚拟现实技术呈现出一种面向未来的科幻既视感和赛博朋克感，全媒体平台可以自行对媒体内容进行二次生产，这是和当下新媒体平台所不同的，全媒体平台在不同的渠道中呈现出不同的传播形态，大大节省了收集和处理素材的时间。

举例来说，一条信息的获取需要经过媒体库的处理，然后由终端分发给具体的用户，再根据用户所采用的通信渠道选择不同的形式进行呈现。比如，用户倾向于报纸媒体，则会向其传播图文信息；用户倾向于网络媒体，则会向其传输短视频。

学界并没有正式提出全媒体的概念。全媒体来自传媒界的应用层面。媒体形式的不断出现和变化，媒体内容、渠道、功能层面的融合，使得人们在使用媒体的概念时需要意义涵盖更广的词，至此，全媒体的概念开始广泛适用。经过概念的延展与细节的提炼，再结合概念主体，就形成了当下全媒体概念研究的三层结构，即新媒体时代背景、传媒行业推动以及实体作品。这三层结构相辅相成，在新媒体时代背景下，传媒行业对全媒体概念的推动离不开对实体作品的思量与把握，而实体作品的呈现是研究传媒行业理念的前提与现实基础。

（二）全媒体时代信息传播的发展趋势

进入 21 世纪，全媒体时代就已经到来，在媒体的扁平化、机制的去中心化以及社会共识的离散化下，新的传播格局形成，并可将其总的发展趋势浓缩为"全球、全民、全媒"。

（1）全球化趋势。互联网技术的进步和数字化工具的普及，突破了信息传播的地域限制，使得任何消息和内容都可以迅速传播，达到世界的各个角落。全球化加速了信息的流通，同时意味着各种文化和思想的广泛交流与碰撞。在这一趋势下，新闻机构、内容创造者和品牌都在寻求全球受众，而社交媒体平台也正在变得更加多元和国际化。

（2）全民化趋势。在传统的媒体传播模式中，电视台、通讯社等媒体传播机构以及专业的媒体记者是媒体传播行业的主力军，广大读者和听众是接收者和倾听者，被动地接受各种新闻信息。但随着移动互联网的普及以及便携式移动设备的兴起，信息受众群体找到了发声的新渠道，变身为新闻消息的传播者，这大大地丰富了新闻传播的内容和形式，刷新了媒体传播的模式。"新闻全民化"成为媒体传播行业未来发展的明显趋势。

（3）全媒化趋势。全媒化趋势是指随着信息技术的快速发展，传媒行业正在经历从单一媒介（如报纸、电视、广播等）向多媒体集成传播的转变。在全媒体时代，信息通过多个渠道（如电视、网络、手机、社交媒体等）进行传播和共享，受众可以通过不同的媒介途径获取，而且不同媒介之间具有交互性和融合性。

全媒化趋势的兴起，意味着传统媒体正在逐渐被新媒体取代，媒体格局正在发生巨大的变革。全媒体的出现，不仅改变了传媒行业的格局，也深刻地影响了社会的发展和人们的生活。全媒体时代，人们获取信息的渠道更加多元化和便捷化，信息的传播速度更快，互动性更强，这给传媒行业和广大受众都带来了巨大的机遇和挑战。

全媒化趋势是传媒行业和社会发展的必然趋势，传媒行业和广大受众需要积极适应和应对，以推动传媒行业的可持续发展。

传统的新闻生产和传播是通过报纸、广播、电视等实现的，而如今，媒体融合已经成为新闻生产和传播的常态模式。全媒体的新闻生产既包括文字、图片、影像等传播介质的综合运用，也包括各种类型媒体机构的融合，彻底颠覆了原有的媒体品类和经营模式。说得通俗些就是，报社不仅仅办报纸，电视台不仅仅播出电视节目。就拿《纽约时报》来说，其已经不再是一张报纸，其主要收入来自网站及其各种类型的衍生产品。

从更微观的层面看，全媒体还应当是对新闻叙事结构和话语的大胆创新和实验。例如，新华社的《中国网事》这一栏目就采取了全流程、全媒体联动的新模式，在"新闻视觉化"和"新闻影像化"的探索上做出了可贵的尝试。央视的"走基层"报道中融入了深度挖掘调查新闻的细节的做法，同时借鉴了纪录片的即时跟拍和戏剧、电影的表现形式，打造出了"新闻纪实系列短剧"这样一个融合了多种媒体介质和表现形式的全媒体新闻品类。从更宏观的层面看，全媒体的兴起带来的是"全传播"理念的出现。"全传播"又称为"整合传播""战略传播"，即综合运用广告、公关、营销等多种手段，对组织进行形象塑造、品牌推广和价值观的传递。组织的危机传播和新闻发布都可以纳入全传播范畴，并对组织的短期运营和长远发展都会产生重要影响，因此应当受到各级决策者、领导者和管理者的高度重视。

总的来说，未来媒介形态的总趋势是媒介融合，这种融合不是物理层面的融合，而是在更高层面的深度融合；这种融合不仅会更加注重用户的体验，还会形成新的媒介文化并影响每个用户。另外，媒介融合也十分注重形态上的融合，现实和虚拟的界限会进一步模糊，在技术的加持下，虚拟现实技术会和媒介形态进一步融合，人们会进入一个类似科幻电影的"全息世界"，虚拟的边界不断向现实扩张，现实情境会在虚拟环境中进行复刻，人们会打造出一个新的媒体世界，并在媒体世界中打造新的媒体环境。当下的媒介融合态势已经在一定程度上反映出世界文化的未来发展动向，人们面向未来的信心已经具备，目前的困难主要是技术瓶颈和技术成本，相信未来，一定能克服这些困难，迎来更大的发展。

第二章　高等教育管理概述

高等教育管理是管理学的一个分支，在基本原理及理论方面，与一般管理学有很多相通之处，二者的区别主要在内容的专业程度与侧重点上，相较之下，前者更专业。高等教育管理主要是对一般管理学的具体应用，从专业化管理方式的角度对一般管理学进行客观总结。

第一节　高等教育管理的基本理念、本质与内容

一、管理概述

（一）管理的一般概念

管理的概念比较复杂，一般是指在特定的环境背景下，对组织单位的资源进行合理规划和配置，为组织单位完成工作任务或实现预期工作目标提供支持。管理是人们根据不同社会条件，总结组织内的发展规律，并以特定时期的发展规律为依据，在特定背景下有意识、主观地调节社会系统内、外部的资源和关系，完成工作任务、实现工作目标的行为活动。具体来讲，管理的含义包括以下三个方面。

（1）管理有明确的主观性目标。管理是任何组织不可缺少的内容，管理也不能脱离组织独立存在。就管理本身而言，管理活动的开展必须有管理主体与管理对象的存在，管理不具有明确的目标，只是为了管理而管理的话，则是一种错误的管理方式。管理依附于组织，并助力组织实现目标，没有组织（管理主体与管理对象），就不会产生管理目标，管理也就不存在。

（2）进行管理活动时，管理主体会对与其相关的资源要素进行调配。

管理工作的开展要求综合运用组织中的各种资源，通过一定的管理流程，对各种资源进行调配，以服务于总目标的实现。

（3）就管理本身而言，管理工作需要按照管理规律进行。实际上，管理工作的开展需要将其所处环境背景作为重要依据或参考内容，因为环境背景往往具有一定特殊性。因此，作为人类的一种社会活动，管理在开展过程中，需要兼顾人员与环境背景。

关于管理的分类，可以从多个维度进行划分。按照规模划分，管理可以分为宏观管理和微观管理；按照具体内容划分，管理可以分为综合管理和专项管理；按照形式划分，管理可以分为紧密型管理和松散型管理。

（二）管理的基本理论

管理理论多种多样，特别是随着现代社会的发展，人们对管理的研究更加深入，获得了越来越丰富的成果，这些成果大大加深了人们对管理的认识。在市场经济、社会财富和经济利益的驱动下，人们对管理的研究日趋深入，管理理论得到不断创新。常用的七大管理理论包括系统管理理论、人本管理理论、目标管理理论、标准化管理理论、组织管理理论、模糊管理理论、混合管理理论。这七大理论既是管理理论，又是管理方法。

1. 系统管理理论

系统管理理论认为，系统的整体性处于最高的位置，管理的任务是协调各子系统和各要素之间的关系，以保持整个大系统的动态平衡，从而取得最佳运行效果。系统管理理论从整体的视角出发，将管理对象看作一个整体，各子系统、各要素都是整体不可分割的一部分。在高等教育领域，系统管理理论适用于高校整体规划、工程建设、大型活动的组织等。

2. 人本管理理论

人本管理理论的核心是以人为本。事实上，该管理理论实行起来比较困难，如果把握不好管理的尺度，就会出现偏颇。从实质上看，有效的人本管理就是权益分配，在分配的过程中，不但要体现对人的尊重，而且要充分发挥人的潜能。这种潜能是积极性的体现，管理对象的潜能是艺术性和思想性的整合。人本管理理论是一种很早便存在的管理理论，但其在实践过程中并没有十分突出的表现。究其原因是传统人本管理理论过于注重人的素质。现代人本管理理论与制度管理相融合，有效地克服了这一弊端。

3. 目标管理理论

目标管理理论是一种基于实践的理论，旨在帮助组织有效地实现其战略目标。目标管理理论以价值目标为核心，要求围绕价值目标的实现过程进行管理。价值认同是整个管理体系的关键，目标的确立对集体形成价值认同具有重要意义。从某种意义上讲，得到全员认同的目标才是真正有价值的目标，目标管理理论强调目标制定和全员的实际关系，没有得到全员认同的目标是不切实际的目标，这种目标往往很难达成。

这里需要纠正一个错误，即目标管理理论是以结果为导向的。目标管理理论不仅强调对管理结果的重视，还对管理过程进行十分严格的监督，保证其按照既定的方向进行。在这一过程中，人们要主动发现问题而不是等待问题发生，既成事实不是目标管理的主要对象。目标管理是一个刚性的过程，该过程以公平和伦理问题为要点。

4. 标准化管理理论

标准化管理理论建立在专业化管理基础之上，由经验丰富的管理人员制定公平的管理标准，并通过相应的惩戒措施保证标准的有效性和管理效果。该管理理论讲究"无规矩不成方圆"。标准化管理要求管理过程严格按照标准执行，因此该管理过程有两个十分重要的环节：一是制定标准环节；二是执行标准环节。相对而言，执行标准环节更加重要，因为该环节对管理结果的好坏具有决定性影响。

5. 组织管理理论

组织管理是通过建立组织结构，规定各级组织的职能，实现组织目标的过程。组织管理的重点是组织结构的设计，关键是组织职能的授权。也有人把组织管理理论称为组织的层级管理理论、组织的能级管理理论、组织的行为管理理论。组织管理理论要求管理对象有严密的组织结构、明确的组织目标和组织功能，还要有一套有效的组织运作机制。如果没有有效的运作机制，即使拥有再严密的组织结构、再完善的组织功能，组织管理理论也无法在实际应用中发挥其应有的作用，从而影响组织管理活动的展开。

6. 模糊管理理论

模糊管理是一种新的管理理念，非常适合教育系统中的软管理。模糊管理理论强调在不确定的情况下采取灵活、开放、适应性强的管理策略，重视组织内部成员的自主能力和创新能力。模糊管理原则包括不以结果为导向的管理、授权和委派权力、尊重个人差异和多元化等。此外，模糊管理理论鼓励员工不断学习和发展，以帮助组织持续创新和发展。

7. 混合管理理论

事实上，在日常的活动中，特别是较大的活动中，运用最多的管理方式是混合管理。混合管理是将垂直管理和水平管理相结合的管理方式。混合管理融合了多种管理思路，管理方法更加多元。它适用于活动性质差距大、无法仅凭借一种管理方式达到管理目的的管理活动。

二、高等教育管理的基本理念

高等教育管理是根据高等教育的目的和发展规律，调配高等教育资源，调解高等教育系统内外的各种关系，并通过有效的计划、组织、领导和控制，以期达到既定高等教育目标的过程。

高等教育管理有宏观和微观之分，宏观的高等教育管理指的是对整个高等教育系统的规划、调控和改革。微观的高等教育管理是指单个教育机构内部的管理活动，如单个大学或学院。微观管理关注的是实施宏观教育政策的具体策略、教育质量的内部保障，以及教学、科研、人才培养、资源配置、学生服务和日常行政管理等方面。

（一）高等教育管理的依据

依据不同的标准，高等教育可以有不同的分类。按类别划分，高等教育可分为普通高等教育、成人高等教育；按性质划分，高等教育可分为公办高等教育、民办高等教育；按层次划分，高等教育可分为专科教育、本科教育、研究生教育。但这些教育的目的均是为社会提供各级各类的高级专门人才，这也为高等教育管理提供了重要依据。各级各类教育都有其自身的客观内在规律，只有正确认识这些规律，才能实施科学的管理。只有把人作为社会关系的总和来看待，才能对人的发展有全面的理解。高等教育与社会经济、政治、文化的发展息息相关，并在一定意义上为经济、政治、文化的发展服务。反过来，生产力和科学技术的发展水平、社会制度、文化传统也能对高等教育发展产生影响。无论是国家高等教育发展政策的制定，还是高校人才培养方案的制订，都必须遵循高等教育的客观发展规律，这也是高等教育管理的重要依据。

（二）高等教育管理的任务

高等教育管理的任务是为社会培养具有实践能力、创新精神及强烈社会责任感的高级专门人才，以推动文化与科学技术的发展，为社会主义现代化建设贡献力量。从宏观层面看，高等教育管理通常围绕国家发展、社会建设与高等教育事业发展三方面展开，高等教育是国家系统中的一个子系统，其发展离不开国家这一大系统的支持，而国家的建设发展必然会对高等教育事业的发展产生影响，同时高等教育也能对国家的发展建设起到重要作用。从微观层面看，高等教育管理的任务作为高等教育管理的重要组成部分，与高等教育管理的目的、高等教育的目的、高等教育事业的发展方向等密切相关，并对高等教育管理工作具有一定的导向作用。总体来看，高等教育管理的任务旨在调节高等教育管理中的各方关系，解决教育管理过程中的各种问题，促使高等教育按规划科学发展，推动各项目标的实现。

（三）高等教育管理的目的

高等教育管理的结果应不断推动高等教育系统目标的实现，而高等教育系统目标的实现也会促进高等教育管理目的的实现。在高等教育系统中，人才培养是高等教育的根本目的，高等教育工作都是围绕这一目的进行的。高等教育内部资源管理的目的也是确保高等教育目标的实现。当然，高等教育管理也有自身发展的需要，如良好的实效性就是高等教育管理的必备特征之一。

综上所述，不管是在宏观层面，还是在微观层面，高等教育管理所依据的都是国家教育方针、教育的内在发展规律、社会发展规律等，目的是保证人才培养的顺利推进，推动科学文化知识创新，最终实现高等教育的长久发展。

三、高等教育管理的本质

高等教育相对于其他教育而言，有更加独特的管理目标和活动目标，因此，只有将高等教育同其他教育区分开来，才能了解高等教育的特殊性。

高等教育的目标是培养人才。高等教育管理目标应该置于高等教育目标之下，通过协调教育系统各要素，推动总目标的实现。高等教育管理的本质就是协调高等教育系统资源的有限性与高效实现高等教育目标的矛盾。从宏观上讲，这种协调是整个高等教育系统的协调；从微观上讲，这种协调是高校内部系统的协调。

高等教育系统庞大且复杂，无论对其做出怎样具体的切分，子系统都必须与总系统在目标上保持一致。这种一致不但要保证目标的一致，而且要保证每个子系统内部组织成员彼此之间的协调。高等教育系统内部是有一定等级划分的，这就使得教育管理活动也有不同层次子系统的划分。协调是针对各个子系统而言的，目的是实现对各个子系统的整体目标及子系统所持资源的合理调配。从事教育管理活动，协调各级系统资源的人员就是教育管理人员。为了更好地进行教育管理，教育管理人员需要根据高等教育管理目标将高等教育管理工作划分为不同层级，由这些层级构成的教育管理网络就是高等教育管理系统。

管理活动具有普遍性，具体表现为各组织机构都参与管理活动。专门的管理者一般处于权力系统的上层位置，被管理者则处于系统的不同位置，发挥不同的作用。在管理活动中，人是管理的主体，权力系统是管理系统维持发展的基础，权力对人的约束使人按照一定的规则和方式行动，最终推动整体目标的实现，这在一定程度上体现出了权力系统的运用。协调，是指调节高校外以及高校内各部门和成员之间的各种关系。就一个国家和地区而言，政府对高等教育的协调是使高等教育的层次、规模、结构合理，使其水平、质量、效益提高，并与社会政治、经济、文化发展水平相适应的保障。高校是高等教育系统的子系统，高校的类型因区域、体制、机制、管理者等不同而存在差异，这些差异可能导致总体目标与部分目标、长期规划与近期打算、整体利益与部门利益、组织利益与个人利益之间的矛盾，如果不加以协调，就会影响高等教育系统的运行和发展，进而影响高等教育效益的最优化。高等教育的协调任务与高等教育管理的本质要求是一致的，体现了高等教育管理的基本矛盾和本质特征。

只有了解管理活动中冲突的本质，才能对症下药。冲突是指群体或个人试图满足自身需要而使另一群体或个人利益受损的行为现象，表现为双方的观点、需要、欲望、利益或要求不相容而引起的一种激烈斗争。冲突是人类社会的普遍现象，它既有有利的方面，也有有害的方面。从有利的方面看，冲突能促进组织的发展，增强组织成员的干劲，还能促进交流，诱发创新。从有害的方面看，冲突使人产生情绪压力，影响人的身心健康，剧烈冲突带来的破坏作用会影响组织的运转，阻碍组织目标的实现。因此，必须明确冲突产生的根源及解决冲突的途径和方法。一般来说，组织成员之间总会存在不一致，其中的一些不一致可能会上升为矛盾，比较激烈的矛盾则会转变为明显或不明显的冲突。

冲突一般分为三种类型：认知性冲突、感情性冲突和利益性冲突。

（1）认知性冲突。由信息、知识、价值观等因素引起的冲突都属于认知性冲突。这种冲突随着双方认识趋于一致就能得到缓和与化解。

（2）感情性冲突。这是一种由非理性因素引起并被非理性因素控制的冲突，也可能是由认知性因素诱发，最后被非理性因素支配的冲突。个性相抵是这种冲突最常见的诱因，这种冲突持续时间长，破坏性大。

（3）利益性冲突。这是一种由本位因素引起的目标冲突。社会中的个人和群体在处理问题时所关心的利益不同，从本位出发就可能引发冲突。通过利益再分配，可以化解这种冲突。在日常的社会生活中，随处存在冲突的可能，一旦有了起因，潜在的冲突就会转变为现实的冲突。

冲突产生的原因一般有以下几种。①人的个性。就人的本性而言，当不满的情绪积累到一定程度，就会激发冲突，因此需要适当的渠道发泄情绪。②对有限资源的争夺。资源在一定范畴内总是有限的，高等教育管理范畴也不例外，而现实需要是无限的，为争夺有限资源起冲突并不夸张。③价值观和利益冲突。价值观不同的人容易发生冲突，个人利益和公共利益之间也可能存在冲突。④角色冲突。在群体中，每个人的角色定位不同，承担的任务和职责也会不同，从而导致利益诉求不同，进而容易引发冲突。⑤追逐权力。权力冲突是自古以来就存在的冲突，对权力的争夺本质上是对资源的争夺。⑥职责规范不明确。模糊的职责规范，导致组织成员对任务的理解和认知不同，进而引发冲突。⑦组织变动。组织变动会导致利益链条的重组，从而引发一定的冲突。⑧组织风气。组织风气影响着人的综合素质。

爆发冲突是一件极为正常的事。单从冲突双方而言，冲突的结果无非有三种可能：一败一胜、两败俱伤、双赢。显然，前两种结果至少是以一方的妥协为基础的，甚至可能埋下更大的冲突隐患。而第三种结果是在双方协调的基础上得到的，是冲突和管理问题的最优解。

冲突的协调方式一般有以下三种。

（1）认知性冲突的协调方式。在高等教育系统中，就宏观视角而言，针对高等教育如何适应国家的发展需求，每个发展时期如何规划，每个阶段应该具备怎样的发展速度，不同的决策者有不同的意见，甚至不同决策者在认知上还会存在一定的冲突。就微观视角而言，针对学校管理，不同决策者对学校的定位、发展方向、资源管理、绩效考核等有着不同的意见，在协调沟通的时候难免会出现冲突。

一般来讲，这是由认知不同导致的冲突，给予冲突双方沟通的空间是处理这种冲突的必要手段。这是一种"和平谈判"的方式，双方需要坦诚地将自己的想法公布给对方，并为彼此提供一定的认知机会，从而化解冲突。这个过程对冲突双方的个人素质和心理素质有较高要求。

（2）感情性冲突的协调方式。感情性冲突本身就是一种非理性的冲突，这种冲突主要存在于微观领域中的高等教育管理中，往往发生于某个具体的管理任务中，且带有很强烈的个人色彩。感情性冲突的起因往往并非结构性问题，可能只是一些微不足道的小事，甚至没有十分具体的原因，仅仅是个人的一些问题。在高等教育管理体系中，这种问题很常见，解决的方式是提升全员心理素质，使全员具备一定的情绪承受能力，同时提高全员的认识水平与格局，不对微不足道的小事斤斤计较。

（3）利益性冲突的协调方式。利益性冲突是所有冲突中最严重、最具破坏力的冲突，如果利益性冲突长时间得不到解决，则会对组织的凝聚力和目标产生巨大的破坏，甚至会导致整个组织体系的分崩瓦解。

在利益性冲突中，冲突双方围绕的核心就是利益，一般而言，冲突出现前，组织中就已经存在利益纠纷。一个组织中有大量利益个体，不同利益个体按照不同利益需求聚合为不同的利益整体，虽然整个组织的共同利益一般只有一个，但不同利益个体或整体在追求自身利益最大化的过程中很容易产生矛盾，形成利益性冲突。解决利益性冲突的最好方式就是制定科学合理的利益分配制度。此外，利益并非一成不变的，自身利益和组织共同利益会因为环境的变化而变化。因此，利益性冲突的解决是一个不断发展变化的过程。在高等教育管理中，各相关主体都有自身的利益，他们在完成系统目标的过程中也同样追求自身利益。为了避免冲突的发生，一般有两种方式：一是通过政策法规明确各方利益的界限，不为私利产生越界行为，否则将会受到惩戒；二是加强思想教育，对有良好表现的给予物质和精神奖励，处理好个人利益、组织利益和国家利益的关系。这是高等教育管理者必须思考的问题。

总的来看，高等教育管理是一门深入探讨教育行政过程、教育资源配置、教育质量监控与提升等的科学。在介绍高等教育管理的本质之前，需要明确教育管理的本质与教学的本质不同。教学主要关注的是学生学习的过程和结果，而教育管理关注的是教育系统如何更有效地运作，以达到最佳的教育效果。

高等教育管理的核心是通过科学的组织、协调、监控和引导，实现高质量的教育目标。这需要高等教育管理者有先进的教育理念、明确的教育目标、科学的管理策略以及灵活的应对能力。高等教育管理者应该是教育愿景的捍卫者，他们需要确保教育资源的合理配置，促进教育质量的提升，以实现教育公平和教育效果的最大化。

教育目标的明确是高等教育管理的第一要务。高等教育的目标包括知识的传授、技能的培养、素质的提高以及人格的塑造等。这些目标并非孤立的，而是相互关联，共同促进学生全面发展。高等教育管理者需要明确这些目标，并制定相应的教育政策和策略来实现这些目标。

教育资源的合理配置是高等教育管理的基础。高等教育管理需要将有限的教育资源（如教师、课程、设备、资金等）合理地配置到各个教育环节。这需要高等教育管理者有科学的分析能力和决策能力，以提高资源的使用效率。

教育质量的提升是高等教育管理的重要任务。通过设立教育质量标准，定期进行教育质量评估，可以了解教育活动的实际效果，找出存在的问题，从而进行改进。这需要高等教育管理者推动教育创新，引导教师进行教学研究，提升教学质量。

四、高等教育管理的内容

（一）教学管理

教学管理，是所有管理内容中最重要的部分。搞好教学管理的关键在于，每位教学管理者清楚地知道"应该管什么，重点管什么，怎样才能管好"。教学管理是一个有机统一的整体，但从不同视角来看，教学管理的内容体系也有所不同。从教学管理业务的科学体系（或工作体系）来看，教学管理包括教学计划管理、教学运行管理、教学行政管理及教学质量管理与评价；从教学管理职能的角度来看，教学管理主要包括决策规划、组织指导、控制协调、评估激励和研究创新；从教学管理的高度和层次来看，教学管理包括静态管理与动态管理相结合的教学改革、教学建设和日常管理。

1.教学计划管理

培养方案是学校保证教学质量和人才培养规格的重要文件，是组织教学活动、安排教学任务、确保教学编制的基本依据。教学计划是在教育部的宏观指导下，各个学校组织专家自主制订的。它既要符合教育发展规律，保持一定的稳定性，又要根据社会、经济、科学技术的新发展进行适时调整和修订。教学计划一经确定，就必须认真组织实施。教学计划管理的核心工作是精心设计人才培养蓝图，这就需要教学管理者投入大量精力进行必需的基本调查研究，包括国内外相同和相近学科专业的改革发展动向，以及新的教育观、教学内容、课程体系、教学环节和人才培养模式等；还需要组织学校的学科带头人、教研带头人及有经验的骨干教师先行研究课程结构体系。只有构建一套完善的课程结构体系，清晰地设计出人才培养的总体方案，才能够据此培养出高质量的合格毕业生。因此，教学计划的制订很重要，但更重要的是教学计划的组织实施，不能"龙头蛇尾"，更不能"有头无尾"。

2. 教学运行管理

教学运行管理主要是围绕教学计划的实施，对教学过程及相关辅助工作进行组织管理。教学运行管理的特点可以概括为以下几个方面。一是系统性。教学运行管理作为一项系统工程，涉及教学大纲的制定、课程内容的更新、教学方法的改革、教材的选用、教学进度的控制、质量监控等多个方面。二是参与性。教学运行管理鼓励教师和学生参与到教学运行管理中，通过反馈机制来优化教学过程。三是计划性和目标性。教学运行管理围绕教学计划展开，而教学计划通常基于教育目标制定，旨在确保教学活动能够按照既定目标有效推进。

3. 教学行政管理

教学行政管理指学校、二级学院、教学系部等教学管理部门依据教学规律和学校规章制度行使管理职权，对各项教学活动及相关的辅助工作进行科学合理的组织、调度，以保障学校教学工作稳定有序运行的协调过程。同时，教学管理部门还需要严格、规范地做好教学的日常管理、学籍管理、教学工作管理、教学资源管理和教学档案管理等工作。

4.教学质量管理与评价

教学质量是一个综合化的概念，包括教师教学、学生学习及管理质量等。教学质量管理既包括静态管理，也包括动态管理，但更注重动态管理，因为教学质量管理的最终目的是提高每一项教学活动、每一个教学环节的质量，从而增强教学效果。转变教育观念、提高教育质量是搞好教学质量管理的前提条件。要对整个教学过程的质量管理进行研究和设计，建立适合校情的质量监控体系和运行机制，首先要厘清质量监控的概念、要素、体系和组织系统，然后研究和处理质量监控与质量保证的所有相关问题。因此，高校应建立科学的、可操作的质量管理模式，包括教学质量检查方式，教学工作评估，教学信息的采集、测量、统计分析和管理等。

从宏观角度来讲，管理的本质和内容彼此联结，高等教育管理需要从宏观层面规划，并在微观领域落实，只有这样，高等教育管理才能实现科学化、体系化、制度化，从而更好地服务于高等教育发展。

（二）战略规划与政策制定

战略规划与政策制定能为高等教育机构指明未来发展方向，是高等教育管理的重要组成部分。高等教育机构需要明确自己的使命，设定办学愿景，并为实现这些愿景制定具体的战略目标。高等教育机构还需要详细规定各方面的政策，包括学术、财务、人力资源、设施等方面。

高等教育机构需要明确自己的使命。使命定义了机构的核心价值和目标，是机构存在的根本理由。例如，一所大学的使命可能是提供优质的教育，推动研究的进步，为社会做出贡献。使命的确定需要反映出机构的价值观，体现其为社会和学术界做出的承诺。

高等教育机构需要设定愿景。愿景描述了机构期望成为的样子，是机构对未来的展望。愿景应该具有吸引力，可以激发所有成员努力去实现它。例如，一所大学的愿景可能是成为某一领域的世界领导者，或是创造出可以影响世界的研究成果。

在确定了使命和愿景后，高等教育机构需要制定战略目标。这些目标是机构为完成使命、实现愿景设定的具体、可度量的目标。例如，大学设定的目标包括提高毕业率、就业率，增加研究经费，扩大招生规模等。战略目标应具有可操作性，明确指出为实现愿景需要采取的具体行动。

在制定了战略目标后，高等教育机构还需要制定各方面的政策。例如，学术政策，可包括课程设置、教学评估、研究支持等内容；财务政策，则涉及预算管理、资金筹集、财务报告等；人力资源政策，则包含招聘、培训、评价、激励等；设施政策，涵盖设施的使用、维护、更新等。制定这些政策，既要符合各方面的法规要求，还要考虑到机构的长期发展。

（三）学术管理

学术管理包含课程开发与评审、教学评估、学术质量保证及学术研究支持等方面，在高等教育管理中扮演着关键的角色。

课程开发与评审是学术管理的基础环节。高等教育机构需要根据学科发展趋势、就业市场需求和教育目标开发和评审课程。开发课程时，不仅需要关注课程内容的深度和广度，也需要考虑教学方法和评估方式的适切性，确保课程能有效提升学生的知识水平和技能。另外，课程评审也是必不可少的环节。通过定期对课程进行评审，高等教育机构能够确保课程内容的时效性和适用性，也能够对教师的教学效果进行评价。

教学评估是学术管理的重要组成部分。教学评估旨在评估教师的教学质量以及学生的学习效果。高等教育机构通常会设立专门的教学评估机制，以此收集关于教学效果的信息。基于这些信息，高等教育机构可以采取必要的措施（如教师培训、教学改革等）来提升教学质量。

学术质量保证是确保教育质量的关键。学术质量保证涉及高等教育机构的各个层面，包括教学、课程设计、学术研究、学生支持等。通过建立学术质量保证体系，高等教育机构可以定期进行自我评估，并根据评估结果进行持续改进。另外，学术质量保证还包括外部质量审核，但外部质量审核通常由第三方机构来完成，如教育部门或专门的教育评估机构。

学术研究支持是推动教育机构科研发展的重要环节。高等教育机构需要提供各种支持，包括提供研究资金、设立研究机构、建立研究合作关系等，来鼓励并促进学术研究。

（四）财务管理

财务管理在高等教育机构中发挥着核心作用，涵盖预算编制、财务报告、资金筹集、资产管理等多个关键环节。

预算编制是财务管理的基础。预算是对未来一段时间内机构收入和支出的预测和计划，是制定管理决策的基础。预算需要考虑机构的各项需求，包括教育、研究、设施建设、学生服务等，以及机构的财务状况和财务目标。预算的编制需要经过仔细的分析和讨论，并需要定期进行调整以适应实际情况的变化。

财务报告是财务管理的重要环节。财务报告是向高等教育机构各利益相关方（包括校方领导、教职工、学生、政府机构等）提供的机构财务状况和运营结果的信息。财务报告需要定期制作并发布，通常包括资产负债表、损益表、现金流量表等。通过财务报告，利益相关方可以对高等教育机构的财务状况和运营结果进行监督和评价。

资金筹集是财务管理的一项重要任务。高等教育机构需要通过多种方式筹集资金，以支持其教育、研究、设施建设等活动。这些方式可能包括学费收入、政府资助、社会捐款、研究资助、商业合作等。资金筹集需要有有效的策略和计划，需要考虑机构的需求、能力和市场状况。

资产管理是财务管理的关键环节。资产管理涵盖高等教育机构的各种资产，包括物理资产、金融资产、知识产权等。高等教育机构需要有效地管理这些资产，确保其得到安全、高效的使用，以及获取最大的回报。资产管理需要有明确的政策和程序，还需要有专门的机构和人员负责。

（五）人力资源管理

人力资源管理是高等教育机构的一项关键职能，涵盖员工招聘、绩效评估、职业发展和员工福利等多个方面。

员工招聘是人力资源管理的基石。招聘决定了高等教育机构教职工的质量，从而直接影响教学和研究的质量。因此，高等教育机构需要确保招聘流程的公正、公平和透明，以吸引和挑选出最佳的候选人。招聘流程包括对职位需求的分析、对职位的描述、招聘信息的发布、应聘者的筛选、面试和对候选人的选择等步骤。

绩效评估是人力资源管理的重要工具。通过对员工的表现进行定期评估，机构可以了解员工的工作表现，发现员工存在的问题，并激励员工进行改进。评估结果可以作为薪酬和职位变动以及其他人事决策的依据。因此，高等教育机构需要制定明确的评估标准和流程，并以公正、公平的方式进行评估。

职业发展是人力资源管理中关于帮助员工实现职业目标和提升能力的方面，包括培训和发展项目、教育资助、职业咨询、职位转换和晋升路径等。通过提供职业发展机会，高等教育机构可以提升教师的满意度和忠诚度及其工作能力和效率，从而提高教学和研究质量。

员工福利是人力资源管理中关于提供有竞争力的薪酬和福利以吸引和留住优秀员工的方面，包括工资、奖金、健康保险、退休计划、休假政策等。制订员工福利方案时需要考虑到市场条件、机构的财务状况和员工的需求。

（六）基础设施管理

基础设施管理包括校园建筑管理、设备维护、能源管理和环境安全等多个方面，在高等教育管理中起着重要作用。良好的基础设施管理可以为学生、教职工等提供一个舒适、安全且有利于学习、研究的环境。

校园建筑管理是基础设施管理的核心组成部分，既包括对校园中所有建筑物（如教学楼、实验室、图书馆、宿舍等）的日常维护和管理，还包括新建项目的规划和实施。管理者需要确保建筑物符合教学和研究的需求，还需要定期对建筑物进行检查和维护，以发现并解决潜在的问题，保证建筑物的安全。

设备维护是基础设施管理的一个重要方面。学校内的各种设备（如教室的音响设备、实验室的仪器设备、图书馆的计算机等）都需要定期检查和维护，以确保其能正常运行。对于出现故障的设备，需要及时进行修理或更换。

能源管理包括对电、水、气等能源的使用和管理。管理者需要制定和实施节能措施，以降低能源消耗及其对环境的影响；还需要对能源使用情况进行监控，以识别节能的机会。

环境安全是基础设施管理的一个关键方面。管理者需要确保校园环境的清洁、安全，并保证废物管理、化学品管理、卫生标准等符合相关规定；还需要应对各种突发事件，如自然灾害、事故灾难等，并制订应急计划。

（七）校园文化和社区关系管理

校园文化和社区关系管理在高等教育管理中扮演了不可忽视的角色。其不仅关乎高校与社区之间的积极互动，还涉及高校的价值观、信仰、传统和规范，它们共同构成了高校的独特文化氛围。

校园文化是一所学校的核心和灵魂，包括教育理念、学术传统、师生行为、社交活动，以及学校形象的视觉符号，如校徽和建筑风格等。

校园文化有着深远的影响，可以激励学生和教职工朝着学校的使命和愿景努力，帮助他们形成共享的认同感和归属感。因此，高校管理者需要积极培育独特的校园文化，不断强化学校的价值观和精神，并使学生、教职工及其他利益相关者能深入理解并认同。

社区关系是高校与其所在社区和广大公众的互动关系。高校是社区的一部分，其行为和决策往往会影响社区的发展，因此，高校需要通过各种方式（如公共服务、社区参与、研究合作等），与社区建立积极的关系，为社区的发展做出贡献。同时，高校需要倾听社区的声音，积极回应社区的需求，努力成为社区的合作伙伴。

第二节　高等教育管理的原则与功能

理想的高等教育管理原则，应既能较全面、准确地反映高等教育管理活动的特点、本质与规律，又特别适用于高等教育管理领域，即它们在理论上是完备的，在实践中又是切实可行的，能有效指导高等教育管理实践活动。

一、高等教育管理的原则

本书认为，高等教育管理的基本原则包括以下五个：高效性原则、整体性原则、动态性原则、导向性原则、公平公正原则。

（一）高效性原则

高效性原则是高等教育管理本质的直接体现和具体化。它要求高等教育机构充分利用教育资源，培养出大量高级专门人才，或创造出高水平的研究成果。换句话说，就是以最少的教育资源投入获取最多的优秀人才和研究成果。

高效性原则揭示了高等教育管理追求的目标，即追求良好的办学效益，包括经济效益和社会效益。办学效益的评判标准应该是高等教育机构培养的人才和产出的研究成果对社会进步、经济发展、文化进步起到的作用，以及在实施高等教育过程中是否最大限度地利用了各种资源。高等教育机构在专业设置、人员聘用、经费使用等方面应具有充分的自主权，这是保证办学效益得到提高的前提条件。

然而，虽然高等教育系统也关心管理效益，但考虑到高等教育的组织特征，分析高等教育管理效益时，有两点需要注意：一是在一定周期内，高等教育机构所支付的成本和实际获得的经济收益很难精确衡量；二是高等教育的社会效益无法量化，通常能够计算出来的只有某些资源的利用情况，如人员、经费、设备、图书资料等，通过分析其使用效率可以得到一个概数。过去几十年，人们越来越关注教育组织的效益，而这种效益在很大程度上取决于其人力资源质量状况。计算某组织的人力资源价值，可以估算该组织管理政策的影响，从而推测该组织的效益情况。但现有的技术无法对一些无形的、间接的、综合的、迟效性的教育管理效益做出客观、精确的测定。这就导致人们难以回答如何才能促进高等教育管理效益的提高，或者说有哪些因素影响着高等教育管理效益的提高。

本书认为，可以从以下五个方面展开相关分析。

（1）用人效益，指成员潜能的发挥程度，具体考察现有人力、在用人力、实际有效使用人力，计算有效人数与实际人数的比率。

（2）经济效益，主要指资金分配、成本控制及投资回报。

（3）时间效益，指时间的有效利用率，即法定工作时间与实际有效利用的工作时间的比率。

（4）办事效率，也指工作效率，包括管理机构处理公务的实际成效，如已办的与应办的比率、正确处理的与处理不当的比率、未办公务中由客观因素导致的件数与由主观因素导致的件数的比率。

（5）整体综合效益，指教育管理的社会效果，如社会承认、社会满足的程度等。

（二）整体性原则

整体性原则既受制于高等教育系统的整体性，又受制于培养高级专门人才的高等教育目的。管理是一个为了达到某一目标，协调组织内部所有成员共同努力的过程。目标不但为管理指明了方向，而且是一种能激励被管理者的力量源泉。特别是在组织目标能深刻影响组织成员的共同利益时，成员的个人目标也将向组织目标靠近，从而成员将团结在一起，为实现组织目标共同努力，这可以极大地激发组织成员的热情、献身精神和创造力。在高等教育管理系统中，管理过程的各个环节及各个方面也是围绕一个统一的目标运转的。这个统一的目标使高等教育的各项工作融为一个整体，并立足这一整体，协调各环节和各方面的管理工作。系统的最大特点在于整体的功能大于各部分功能之和，这为整体性原则提供了理论依据。系统的功能不仅体现在数量上，更体现在本质上。通常来说，相比系统各组成部分的功能，系统的整体功能是一种质变。在实际管理工作中，局部与全局总是存在一定矛盾的，有时局部是获利的，但整体并没有因局部的获利得到良好发展，甚至可能产生较大的损失。研究表明，人需要具体目标，才能发挥潜在能力，也只有在实现目标后，才会产生成就感和满足感。用以维系整体性原则的目标只有具体化，并渗透于整个管理过程，成为一种稳定的宗旨，才能真正发挥其统帅全局的功效。目标管理要求把组织的目的转化为得到集体成员认同并使集体成员为之奋斗的目标，注重组织总体目标与各级部门、各个成员目标在方向上的统一性。目标管理以目标为导向，以成果为标准，以人为中心，不但强调总体目标与各级目标、成员个体目标的整体性，而且强调目标实现过程中各要素的整体性。

同其他系统一样，高等教育系统中没有任何人或组织可以单独满足自身的需要，而不依赖与他人或组织的合作。事实上，没有基于管理目标的合作行为就没有管理的整体性，也就没有管理本身。高等教育系统中存在各种不同的工作目标，这是社会与组织分工的产物，它们有赖于高等教育总体目标的指导。在具有不同功能的组织中，整体性原则的体现方式各不相同。一般而言，以功利性为主的经济组织强调竞争，以强制性为主的军事组织强调服从。

和谐、团结、协作对在高等教育管理中贯彻整体性原则是重要的，但在高等教育组织的实际运作中，存在着多种形式和不同强度的冲突。及时发现并将冲突带来的破坏减小到最小也是维护高等教育管理整体性原则的一个重要方面。高等教育领域内的冲突多表现为成员心理、角色、地位的冲突和学术观点的冲突。例如，职称晋升冲突。往往同一年龄层的教师越多，他们的学术水平越接近，冲突就越激烈。但冲突并不是只有消极影响，如一定程度的学术思想冲突，可以促进学术研究的深入发展。可见，冲突的功能具有双重性。经常的、强有力的冲突对组织成员的心理和行为有破坏性的影响，疏远、冷淡、漠不关心、极端的对立情绪和进攻性行为等，显然也会导致组织的涣散和管理效能的低下。在高等教育管理领域运用冲突原理，一方面需要把冲突破坏的可能性降低到最低水平；另一方面需要促使冲突产生积极的效果，保证管理的连续性和整体性。

（三）动态性原则

高等教育作为社会系统的一部分，与外部环境处于动态的相互作用之中。高等教育可以影响其内部子系统，使子系统对各种环境中的偶然事件及时做出反应。管理活动与管理对象、管理环境之间有着本质的、必然的联系。根据对高等教育组织特征的分析，高等教育管理过程中要完成的任务、用来完成任务的技术和参与人员都处于动态变化之中。这样，一方面，高等教育活动须按照管理的基本原则进行，以保持管理的应有秩序和运行状态的相对稳定；另一方面，由于高等教育管理的对象、内容、方式、手段等时刻都会发生变化，所以要求灵活运用高等教育管理原则。

管理学中的权变理论为把普通的组织管理原则与各组织独特的、具体的情况联系起来提供了一条途径，还提出了三个基本观点：一是对组织的管理不存在某种最好的通用方法；二是在某个特定的情景中，并不是所有的管理方法都同样有效，需要考虑组织的结构设计是否适合该方法；三是组织设计和管理方式的选择必须建立在细致分析组织中重大事件的基础上。权变理论要求以有效实现组织目标为出发点，灵活、动态地选择处理偶然事件。例如，民主型领导和专制型领导哪一个更好？用权变的方法分析的话，重要的是要弄清"好"意味着什么，"好"在这里可以理解为"有效的"，这时，问题就变为哪一种领导类型更有效，这就需要权衡组织运作的动态性和有效性。

在动态性原则的指导下，高等教育管理要重视改革旧体制、旧办法。教育中有无数的力量在要求变革，教育管理改革要在不打破教育稳定性的前提下进行各种必要的改革。但是，任何改革都不可能绝对稳定。从这个意义上讲，稳定也是相对的。不过，各项必要的改革应符合几条标准，即改革要切合实际，适应社会的需要；变革的顺利进行要求学校的目标、政策、计划、程序具有灵活性；变革的成功要求变革应循序渐进，以保持组织和管理系统的稳定性。

（四）导向性原则

导向性原则主要是指通过管理手段引导所有组织成员向着既定的目标努力。高等教育机构制定的方针策略、采取的工作措施、营造的工作环境等都具有这种引导作用。

从政治导向的角度讲，高等教育管理导向性原则是根据高等教育管理的两重性规律提出来的。高等教育管理的自然属性使各国能够积极引进其他国家先进的科技和管理经验；高等教育管理的社会属性则决定了各国在参考他国高等教育管理经验时不能全部照搬，必须考虑自身与之不同的社会形态。一个国家的政治制度必然影响这个国家的高等教育，也必然反映在高等教育管理上。国家的教育方针明确规定，高等教育活动应为国家及民族发展培养建设者和接班人。从这个意义上讲，高等教育活动是形而上的，属于上层建筑的意识形态领域范畴，这是不可忽视和否定的。至于高等教育传播的知识，高等教育管理的具体方法，一般管理知识、技术、原则与方法层面的内容，不是形而上的，这是人们要充分认识清楚的。

从管理工作导向来讲，高等教育管理主要以措施和条件为导向，如管理的手段、方法、环境等。组织成员在管理者的指导下，自觉或不自觉地努力工作，这里还涉及利益导向、心理导向等，这与看待管理工作导向的不同角度和导向性原则的运用有关。

（五）公平公正原则

公平公正原则是市场经济体制下高等教育管理的基础，是调动各方积极性、有效完成高等教育任务、达到高等教育目标的前提。任何高等教育活动都是由人来完成的，公平公正是对人的基本保证，否则，设计再好的管理活动，也难以达到满意的管理效果。在管理实践中不乏这样的例子，如一些管理者不重视公平公正原则，不关心管理活动中人的感受，通过权力贯彻自己的意志，最终导致管理失败。

二、高等教育管理的功能

高等教育管理的功能涵盖多个方面的内容，教育管理有其特殊的管理规律，即更侧重"理"的过程，而非"管"的过程，这和教育教书育人的目的有关。高等教育管理的功能大概分为两类：规划与组织功能、控制与协调功能。

（一）规划与组织功能

规划功能是高等教育管理的核心。它涉及如何根据高校的使命和愿景，制定长期和短期的教育目标，以及如何实施相关的策略和计划，以实现这些目标。在这个过程中，高校需要进行市场调研，了解学生、教职工和其他利益相关者的需求和期望，以便制定有效的教育策略；同时需要进行财务规划，以保证有足够的资金支持教育活动的开展；还需要进行教育评估，以了解教育活动的效果，以便进行必要的调整和改进。

组织功能是高等教育管理的基础。它涉及如何构建和维护高校的组织结构，如何招聘、培训和激励教职工，以及如何管理学生和其他利益相关者。在这个过程中，高校需要制定和实施有效的人力资源策略，以吸引和留住优秀的人员，提升他们的工作满意度和效率；同时需要通过各种方式，如课程选择、成绩管理等，来管理学生的学习过程；还需要与其他利益相关者（如政府、企业、社区等）建立良好的关系，以获取必要的支持和资源。

在具体的实践中，管理者可以采用各种工具和方法实施规划与组织功能。例如，管理者可以采用战略规划、项目管理、财务分析等工具，进行决策和规划；还可以通过完善学生信息系统、教学管理系统等，提升组织的工作效率。

总之，规划与组织功能是高等教育管理的关键，它可以帮助高校有效地管理资源，实现教育目标。因此，高校需要对其给予足够的重视，以提升教育质量和效率。

（二）控制与协调功能

高等教育管理的实施过程中很重要的一部分就是控制与协调。控制就是对组织运作及组织活动进行规范性干预，大多是制度性的、行政性的强制性干预。而协调除了通过控制的手段实现，更多的是通过技术和柔性方法解决管理活动中的问题和矛盾的。高等教育的目标控制大致可以分为两种：数量目标控制和质量目标控制。

1. 高等教育数量目标控制

在对高等教育数量目标进行控制时，有必要分清政府与学校的不同职能、权利和义务。

1）政府的宏观调控职能应包括以下几项。

（1）向学校及时、准确地发布人才需求信息（包括数量、层次、规格、专业、学科、地区需求等）。

（2）制定长远发展规划，对学校进行总体指导。

（3）依据学校的办学条件，科学核定招生规模。

（4）制定扶植学校发展的方针、政策和措施，使学校的发展不过分地受到市场的影响，保持学校发展的相对稳定。

（5）对学校进行定期评估，并把评估结果作为学校改善办学条件、能否享有或继续享有一定招生计划自主调节权的重要依据。

2）学校若要享有招生计划自主调节的职能，则应具备以下条件。

（1）研究并制定学校发展的中长期发展方向、目标和总体规模，并经主管部门核定。

（2）对自身的教学质量、科研水平、产业发展、办学条件等承担相应的责任。

（3）在政府的指导下，逐步建立起自我发展、自我约束和自我调节的机制。

2. 高等教育质量目标控制

（1）高等教育质量标准。将高等教育目标分解为数量目标和质量目标，是从高等教育增长方式的角度划分的。现代高等教育具有多方面的目标与功能，因此衡量高等教育质量的标准也不是唯一的。学术标准是其中十分重要的一条，但绝非唯一。除学术标准外，还有高等教育的适切性问题，即高等教育是否适应社会发展的需要，是否契合受教育者身心发展及其就业的需要等。一般而言，高等教育系统往往更强调教学、科研等学术标准，以及学科、专业的内在逻辑性和科学性，而社会（包括学生家长、企业等）更多地关注高等教育的适切性、实用性。例如，学校的课程设置、教学内容是否有利于学生就业；家长对学生入学的投入能否得到更大的回报；学校能否培养出优秀人才，从而为企业提供人才支持。在理想状态下，高等教育质量应兼顾学术发展、社会需求、受教育者的意愿等多方面因素。在制定高等教育质量的评估标准时，专家也力图全面反映这些因素。

在不同类型的学校里，同一课程的学术性是不同的，衡量这门课程质量的标准自然也不同。例如，工科教育中的数学课和理科教育中的数学课是不一样的，前者强调数学作为一门工具性课程的实用价值，而后者十分注重数学课的逻辑性、探索性。推而广之，根据学校的不同功能定位，对其学术水平的要求可以有差异，每一层次的学校可以在同类型学校中进行竞争，并努力进入更高层次的学校行列。

高等教育的质量标准没有统一之说，宏观的质量标准反映在适应度上，主要是指高等教育与社会经济发展的适应度，科学技术与科学文化知识创新水平、人力资源的数量与质量是高等教育适应度的主要内容。高等教育组织不断探索和完善高校办学的质量标准，特别是综合考察高校办学的质量、水平、效益等，已经逐步成为高等教育质量标准的主要内容。

（2）高等教育质量控制手段。从时间维度看，高等教育质量控制可分为三类：①前馈控制。前馈控制是指对高等教育质量标准设置的过程进行控制，对高等教育质量运行的方案设计进行把控，尽量避免出现问题。②过程控制。关注高等教育质量活动过程与高等教育目标的契合度。在高等教育的运行中，不断进行过程性评价，以对出现的问题及时做出诊断，并进行相应调整，不致在运行过程偏离目标太远的时候才采取校正措施，最大限度地保证高等教育质量。③反馈控制。反馈控制绝不是等活动全部结束了，依据活动结果控制高等教育管理。反馈控制是指在管理活动的过程中，对某项活动的运行状况随时进行监控，并对出现的问题及时进行控制和调整。对整个教育管理活动过程而言，终结反馈是必要的，因为终结反馈的结果可以对下一个循环进行调控。高校可以通过建立专业鉴定委员会的方式，加强反馈信息的权威性，不应将事后的质量评估视为工作的结束，而应积极地为新一轮工作、活动提供质量控制及工作改进的建议。

高等教育管理的原则和功能有着细致的划分，各个领域之间的界限虽并非绝对清晰，但从宏观上看，是可以看出明显区别的。所以，高等教育管理者在落实相关原则时，务必了解原则的本质及原则背后的内容。

第三节　高等教育管理的改革与发展

我国的高等教育管理事业起步较晚，但是凭借着一代又一代教育者的不断摸索和对其他国家先进经验的学习，我国的高等教育管理事业已步入世界先进水平。

一、我国高等教育管理的改革背景

中华人民共和国成立初期，教育部的任务主要是对中华人民共和国成立前的教育事业进行全面接管，并对其进行社会主义改造。此时，我国初步搭建了高等教育管理事业的框架。这是我国高等教育管理事业的起点，后续的发展基本是在此基础上进行的。

我国高等教育管理事业的体制建设是和国家政治、经济体制相适应的。

1950 年，我国高等教育管理部门开始对公立学校进行接管，对外资学校进行接收，对私立学校进行接办，对旧的学校进行体系上的改造。

1952 年，随着国家工业化建设的推进，高等教育事业的发展中心逐渐转向满足工业化建设和发展需求，为国家培养大量工业人才。此时的高等教育优先培养工业人才。工科占比为全学科的一半左右。这一时期的高等教育主要为本科教育和专科教育。

1950—1953 年，高等教育管理往往依赖行政管理，忽视了高等教育管理自身的特点与发展，影响了高等教育管理事业的发展。

1958 年，国家提出要大力发展中等教育和高等教育，争取在 15 年左右的时间内，基本做到使全国青年和成年人，凡是有条件的和自愿的，皆可接受高等教育。此时，高校数量激增，如今很多国内知名大学均在此时建校，高等教育结构发生巨大变化，高校办学形式也逐步多元化。但随之出现了一组矛盾，即数量激增的学校和当时有限的资源投入的矛盾。在后续的发展中，一些资源不足和发展不利的学校纷纷被关停或被合并。1966—1976 年，因政治原因，高等教育事业发展暂缓。

到 20 世纪 70 年代，我国高等教育事业得到重新发展，原有的大学、函授大学、教育学院被恢复，高等教育管理事业再次进入蓬勃发展时期。但是，数量众多的学校和有限的资源投入的矛盾并没有得到彻底解决。

随着市场经济的发展和高等教育办学理念的更新，我国的高等教育事业逐步呈现出两级管理的趋势，即中央统一领导、地方自主管理。这种管理模式和早期的管理模式大不相同。早期的管理模式：学校的教育经费基本来自政府财政拨款，高校的设立和人才培养全部被纳入国家事业发展计划，高等教育的审批权限在国务院教育行政部门；高等教育的领导班子成员由政府任命，高校管理人员的地位与国家公务员的地位等同。在这种管理模式下，高校实则为政府的一个下属机构，缺乏自主发展权。

进入 20 世纪 80 年代，改革开放的春风吹遍了中国大地，教育管理事业也迎来了划时代的变革。我国高校领导体制确立为"党委领导下的校长分工负责制"，原有的校务委员会被取消，设立学术委员会。在高等教育投资方面，原有的单一型政府投资方式被打破，民间资本进入高等教育领域，表现为民办高校开始蓬勃发展。在这种背景下，借助强有力的政策支持，我国的高等教育管理事业掀起了新一轮的改革之风。

二、高等教育管理改革与发展的方向与趋势

进行高等教育管理改革是大势所趋。按照高等教育发展的一般规律，高等教育管理改革与国家的政治、经济、文化发展有着必然的联系。当前的政治、经济、文化发展对我国高等教育提出了新的任务和要求，特别是经济的发展、科学技术的创新、文化的创新等对各级各类高级专门人才的需求，要求高等教育在开放度、管理思想和体制、管理模式与方法上进行一定变革。只有认清高等教育改革与发展的方向，准确把握高等教育发展的趋势，才能够运用先进的管理方法和技术管理高等教育。

（一）高等教育对外开放度更高

如果说我国的高等教育发展得益于我国的政治体制和经济体制的改革，那么，其中很重要的一点就是改革开放。没有改革开放，就没有今天的高等教育发展成果。只有打开国门，才能看到我国与发达国家在高等教育发展上的差距；只有打开国门，才有对外开展高等教育管理信息交流的机会；只有打开国门，才能引进国外的一些先进的高等教育管理理念、管理技术与方法。因此，改革开放至少对我国的高等教育管理起到了三个方面的促进作用。

1. 促进了高等教育管理观念的转变

通过考察国内外高等教育的发展状况，加深了高等教育管理者对依法治校、教授治校、教育评价、以人为本、科技创新、服务社会等观念的进一步理解，通过将一些先进的教育管理观念融入高等教育管理实践，促进了高等教育事业的发展。

2. 促进了高等教育管理法制体系的建立与完善

打开国门，人们看到了发达国家较为完备的高等教育管理法制体系，这种体系有效地保证了高等教育规范、有序、稳步地发展。以发达国家高等教育管理方式方法、制度体系为参考，我国建立了自己的高等教育管理法制体系，并在不断的发展过程中，对该体系进行了完善。

3. 促进了高等教育管理功能的进一步完善

计划经济体制下的高等教育管理功能是单一的。但经过对教育思想、教育观念的大讨论，以及对高等教育性质的深入研究，高等教育管理功能越来越明确，越来越完善，越来越符合社会主义市场经济发展规律。

我国高等教育逐步走向国际化，开放程度必将更高。要建设世界一流大学和世界一流学科，不开展国际交流与比较，不知道自己的优势、劣势，发展就缺乏相关的参考和多元的目标。一个国家的高等教育水平，从某个角度讲，反映了这个国家的现代化建设水平。没有高等教育的现代化和高等教育的国际化竞争，就没有世界一流大学，更没有高水平、现代化的高等教育，谈国际化竞争便是一句空话。高等教育更加开放应该是思想的更加开放，没有思想的开放，即使国门打开，也不一定能够借鉴他国先进的高等教育管理方法。人们需要思考为什么要开放的问题，原因其实也不是很复杂，整个国家都开放了，经济也融入全球化大潮中，高等教育的开放则是必然的。因此，首要解决的是思想更加开放的问题，思想问题不解决，就不能从根本上认识开放对高等教育管理的影响，不能从根本上理解高等教育质量达到保证国家参与国际化竞争水平的意义。

高等教育国际化是一种发展趋势，但绝不是全盘国际化，高等教育国际化应该建立在正确认识我国高等教育发展需求的基础上。此处讲的高等教育国际化是指我国高等教育要在参与国际化竞争中不断学习、不断提高的同时，发扬我国的优良传统，彰显我国高等教育的先进部分，从而让我国的高等教育走向世界，也让我国的高等教育影响世界。

（二）对高等教育管理者的要求更高

1. 高等教育管理的专业化

从一定角度看，管理是一门艺术，学习管理的有效方法之一就是不断进行管理研究与实践。这意味着，管理才能像绘画、雕刻一样，可以通过后天培养形成。具有先天管理才能固然值得庆幸，但也需要不断学习。随着管理人员的不断增加，再加上现代高等教育组织的不断变化，任何一个想有所作为的高等教育管理者都需要接受专门知识的训练，不断提高管理能力和水平，以便恰如其分地发挥自身在管理方面的才干。具体而言，高等教育管理专业化的要求包括以下方面。

（1）高等教育管理专业化的思想与方法的要求。高等教育管理者需要懂得自己所从事的职业的专业性及其特点，因为高等教育管理的专业化水平越来越高，不论是管理的知识还是管理的技术方法，都要求管理者具有坚实的管理理论基础、发现问题的敏锐眼光、研究事物的哲学思想、高效的企业家管理能力。现代社会知识、技术的迅速发展为高等教育管理的专业化创造了条件，高校对管理者的选择余地变大，这就需要高校管理者通过专业的学习和实践，来体现自己的专业能力和价值。

（2）高等教育资源的专业性越来越高。高等教育资源专业性的提高对高等教育管理者的专业性提出了更高的要求。从硬件资源来看，随着社会经济的发展，政府及社会各方对高等教育的投入力度越来越大，高等教育资源越来越丰富，高等教育资源的知识性、技术性越来越高，高等教育资源的专业性也越来越高。从软件资源来看，高等教育管理中最重要的资源是人力资源。随着改革开放的不断深入，高校的师资队伍发生了很大变化，越来越多有留学背景的人员加入教师队伍，他们带来了国外的一些先进的管理思想和理念及先进的教育方法，使高校管理者的学历层次、知识结构发生了重大变化，提高了管理者的专业性。因此，无论是管理资源的硬件还是软件，资源的专业性越来越高是一种必然趋势。

（3）社会多元系统对高等教育管理的影响。社会多元系统的复杂性要求高等教育管理者具有多维的管理视野。高等教育走出"象牙塔"的过程也是其受社会多元系统影响的过程。这首先表现在高等教育必须对学生、家长、政府部门、企业提出的不同期望和要求做出不同的回答和反应。其次表现在高等教育系统的结构、运作方式正在经受社会其他系统的影响。不难发现，高等教育不仅要借用一般的管理理论与方法，还要运用高等教育管理的专业理论与方法解决自身的发展问题。

2. 高等教育管理者的高学历化

随着高等教育管理的专业化要求越来越高，高等教育管理者的高学历化是一种必然发展趋势。现实的状况亦如此，低学历层次的管理者正在被高学历层次的管理者逐步代替。目前，越来越多年轻的、具有研究生学历的管理者进入各级高等教育行政管理部门。这里强调学历，不是唯学历论，而是要求高等教育管理者具有真才实学、丰富的综合知识、较强的专业能力、辩证和创新的思维能力、科学决策能力。近年来，不少重点高校聘用博士学位的高层次人才担任校级和二级部门重要的领导职务，充分发挥他们对高等教育最新发展动态学习和理解的优势，应用先进的管理思想、管理技术和方法推进学校的工作向前发展。事实上，管理者高学历化与以下因素息息相关。

（1）高校教师队伍学历水平的提高。1980年，我国颁布了《中华人民共和国学位条例》，在此后的十几年中，我国培养了大量的硕士研究生和博士研究生。众多由国家派遣或自费留学的学生毕业后回归祖国，投入高等教育事业中，充实到大学教师队伍里，由此出现高校教师队伍的高学历化局面。这促使管理者高学历化逐渐成为高等教育管理发展的重要趋势之一。近年来，国家和高等教育相关部门都很重视这方面的问题，采取了多种措施提高管理者的学历层次。

（2）开展国际交流与合作的需要。改革开放以来，越来越多的高校开始开展国际交流与合作，一些重点高校更是与国外几十所高校建立了合作关系。国外一些著名高校的管理者大多具有博士学位，这无形中促进我国高等教育管理者学历的提升。管理者的高学历化有利于提高我国高等教育管理者的沟通交流能力，推动我国高校与国外高校的学术交流，扩大与国外高等教育管理的合作领域和规模，提高我国高等教育在全球的知名度。

（3）普通管理者自身发展的需要。企事业单位在招聘管理者时，大多会注明学历要求，职务越高的岗位对应聘者的学历要求也越高，高校更是如此。高校管理者的学历往往与工作岗位的安排、职务的提升密切相关，也与个人的工资福利紧密相关。高校管理者的岗位竞争随着市场经济的深入推进、高等教育办学条件的改善和管理者社会地位的提高，会趋于加剧。面对激烈的竞争，高校管理者必须不断丰富管理知识，接受与岗位要求相适应的管理知识与能力的培训，提高自己的学历层次和专业管理能力。高校管理者要处理好高等教育管理者高学历化与高等教育管理专业化的关系。高等教育管理者要有较高的学历，更要有较高的管理专业化水平。一些高校聘用年轻的海归博士或国内应届研究生担任校级或二级学院的领导岗位，但最终的管理结果不尽如人意。因为这些人虽然有较高的学历，但是缺乏高等教育管理的专业知识和实践能力。因此，在选拔管理者时，应正确处理学历与管理能力的关系。在任用年轻的、高学历的高等教育管理者时，要从实际出发，注重培养其实践能力。例如，安排其先进行基层的管理工作，以适应工作环境，积累工作经验，为其晋升高层管理者打好基础。另外，从普通管理者中选择优秀人员进行脱产进修，提高其管理能力，也不失为一种选拔领导干部的好方法。

自 20 世纪 80 年代以来，我国的高等教育管理改革经历了多次调整，取得了一定成功：①高等教育规模的扩大：随着改革的不断深入，我国的高等教育规模迅速扩大，高校数量和学生数量均大幅度增加。②人才培养方式的改进：高等教育管理改革致力于提高高等教育质量，改进人才培养方式。例如，重视实践教学，鼓励学生创新创业等。③学科建设的优化：高等教育管理改革着力提高学科建设水平，鼓励高校开展学科交叉融合，推动学科创新。近年来，我国在一些领域取得了重要的学术成果，如量子通信、高超声速飞行器等，其中不乏高校的参与。④科研环境的改善：高等教育管理改革致力于优化科研环境，提高科研水平。例如，加强学术自由，改进科研评价制度，提高科研经费投入等。⑤国际化程度的提高：高等教育管理改革推动了我国高等教育的国际化，提高了我国高等教育的国际竞争力。

总的来说，我国高等教育管理改革的成功，离不开政府的大力支持和高校的积极参与。但高等教育管理改革也面临一些挑战，如教育质量仍有待提升、科研创新能力有待进一步提高等。

（三）高等教育管理的新趋势：数字化、全球化和个性化

1. 数字化

进入 21 世纪，数字化成为高等教育管理改革的重要趋势。这一趋势对教育体制、教育资源配置、管理策略等方面产生了深远影响。高等教育管理的数字化不仅涉及教学方式的改革，还包括课程设置、教育评估、教师培训等方面的深度改造，目的是构建一套全新的教育生态系统。

在传统的高等教育管理模式中，高校的管理工作往往是由人力进行的，这种方式的效率较低，而且容易出错。然而，随着信息科技的发展，

特别是人工智能和大数据技术的应用，高校的管理方式正在发生根本性变化。通过大数据技术，高校可以获取更多的信息，更准确地理解和预测学生的需求，从而做出更合理的决策。人工智能技术可以自动化处理一些复杂的管理任务，大大提高了管理效率。

数字化对教育资源配置也产生了重要影响。传统的教育资源配置方式往往是静态的，不能灵活地适应学生需求的变化。而人工智能和大数据技术可以实现动态的教育资源配置，根据学生的学习进度和成绩，实时调整教育资源配置，这对提高教育成效有着重要作用。

数字化还在改变高等教育的评估方式。传统的评估方式往往只重视学生的考试成绩，这种方式忽视了学生的学习过程，不能全面地反映学生的学习情况。而人工智能和大数据技术可以记录并分析学生的学习行为，从而对学生进行更全面的评估，这对改进教育质量有着重要作用。

尽管数字化为高等教育管理带来了许多机遇，但也存在一些挑战。例如，如何保护学生的隐私，如何确保技术的公正性等。这些问题需要相关部门进行深入研究，以便妥善解决。

2. 全球化

在全球化的浪潮中，高等教育管理也在发生深刻的变革。高等教育机构不再是孤立的实体，而是在全球范围内与其他机构进行广泛的交流与合作，共享教育资源，开展多元化的教育活动。全球化对高等教育管理的影响既涉及结构层面，也涉及策略层面。

在结构层面，全球化推动了高等教育机构的国际化发展。例如，越来越多的高校选择建立海外校区，开展国际合作项目，接收国际学生等。这种国际化的发展方式使得高校可以拥有更多的教育资源，提供更优质的多元化教育服务，吸引更多的优秀学生，提高其国际影响力。

在策略层面，全球化要求高等教育机构制定国际化的管理策略。这种策略需要考虑多元化的文化背景，适应多样化的教育需求，实现多方共赢的教育目标。例如，高校需要制定国际化的招生策略，吸引来自不同国家和地区的学生；需要制定国际化的教育策略，提供多元化的课程和教学方式；需要制定国际化的教师培训策略，提升教师的国际化能力。

尽管全球化为高等教育管理带来了新的机遇，但也带来了新的挑战。首先，如何管理来自不同文化背景的学生就是一个重要的问题。这需要高校提供多元化的学生服务，如提供语言辅导、开展文化交流活动等。其次，如何应对全球化带来的竞争也是一个挑战。高校只有不断提高自身的教育质量和品牌影响力，才能在全球化竞争中脱颖而出。

3. 个性化

进入 21 世纪，个性化成为高等教育管理的一种重要趋势。与以往"一刀切""一模一样"的教育管理模式不同，现代高等教育重视学生的个性需求，以学生为中心，为他们提供更符合其特点的教育服务。这种个性化的管理方式，给高校、教师和学生都带来了深远影响。

对于高校而言，个性化管理意味着更加精细化的管理模式。高校需要根据每个学生的学习能力、学习兴趣、学习目标等，提供差异化的教育服务，如不同类型的课程、个性化的辅导服务等。这种精细化的管理模式可以提高学生的满意度，提升学校的服务质量。

对于教师而言，个性化管理意味着更加灵活的教学方式。教师不再是教学的主导者，而是学生学习的引导者和助手。他们需要根据学生的学习需求和学习进度，调整教学策略，提供个性化的教学支持。这种教学方式可以激发学生的学习兴趣，提高学生的学习效果。

对于学生而言，个性化管理意味着更加个性化的学习体验。学生可以根据自己的需求和兴趣，选择适合自己的课程，制订个性化的学习计划。他们可以在学习过程中，发挥自己的主动性和创造性，从而实现自我教育、自我发展。

第三章　新媒体时代的高校
教育管理

随着信息资源与信息传播渠道的多元化，大学生的日常娱乐、交往与学习活动变得日益丰富多彩，客观上也促使他们的思维方式与生活方式发生了转变。但是由媒介构建的人际环境、信息技术环境以及媒介产品，无论在伦理层面还是技术层面都存在着一定的负面影响。当大学生在无意识中产生对媒介的依赖时，媒介就会在一定程度上影响到学生正常的学习生活，长此以往对于学生的身心健康极为不利，因此应当引起全社会的高度重视。

第一节　新媒体时代下高校教育管理面临的挑战与机遇

一、新媒体时代下高校教育管理面临的挑战

（一）信息安全挑战

1.数据隐私和保护

在新媒体环境下，教学数据及学生和教师的个人信息存储在数据库中，或保存在一些软件上，面临着被篡改、窃取、盗用、泄露等风险。这就需要高校投入更多的资源来确保数据的安全。

2.网络安全威胁

新媒体环境增加了网络安全威胁的可能性。例如，高校可能会面临恶意软件、病毒等网络攻击。这些攻击轻则会导致系统瘫痪、数据丢失，重则会影响教学和管理活动的正常开展。

3. 不断变化的信息安全挑战

新媒体环境下的信息安全挑战是不断变化的。随着技术的发展，网络犯罪的手段也在不断升级，使得信息安全的维护变得更加困难。因此，高校需要不断更新信息安全策略，以应对新的信息安全威胁。

4. 人为因素的挑战

在新媒体环境下，人为因素也是信息安全的重要挑战之一。无论是故意的恶意行为，还是无意的操作错误，都可能导致信息安全事件的发生。而对人的管理和控制往往是最难的。

5. 云计算和移动设备的安全挑战

随着云计算和移动设备的普及，信息安全的管理范围逐渐扩大，复杂性也在增加。在云环境下，高等教育对数据的控制权可能会有所丧失，而移动设备的使用使得信息安全的边界变得模糊。这些都给信息安全管理带来了新的挑战。

6. 社交媒体的挑战

社交媒体使得信息的传播速度更快，范围更广，但同时给信息安全带来了新的挑战。例如，虽然社交媒体可以促进师生交流，但是也可能会被用来传播错误或恶意的信息，甚至进行网络欺凌。此外，一些社交媒体平台可能会通过貌似合法升级软件、设置热点话题等方式，骗取个人隐私。

7. 物联网的安全挑战

随着物联网技术的发展，高校可能会使用更多的智能设备来提高教学和管理效率。然而，这些设备也可能成为安全威胁的新源头。例如，如果这些设备的安全防护不足，可能会被黑客利用，进而威胁整个网络的安全。

8. 人工智能和大数据的安全挑战

人工智能和大数据技术在教育管理中的应用越来越广泛，但同时带来新的安全挑战。例如，大数据分析可能会涉及大量的敏感信息，如果对这些信息的保护不当，则会导致严重的信息泄露。而人工智能技术可以被用来进行更为复杂和隐蔽的攻击。

9. 高校内部管理的挑战

新媒体的开放性打破了传统的信息边界，师生可以接触到更广泛的信息与资源，这在促进知识共享和学术交流的同时，可能导致管理上的失控。例如，不当信息的迅速传播可能会损害学校形象，误导学生的价值观。新媒体的互动性增强了学校内部沟通，同时可能造成行为规范的相对模糊，因个人言论和行为在网络上的放大效应而引发的纪律问题不容忽视。

因此，高校需要制定更细致全面的管理策略，如加强网络行为规范教育，构建正面的新媒体舆论环境，以及建立快速反应机制来及时处理网络事件。

（二）教学质量挑战

1. 教学资源的质量问题

在新媒体环境下，教学资源的来源更加多样化，但同时出现了教学资源质量参差不齐的问题。网络上的教学资源既有优质的，也有劣质的，如何筛选出高质量的教学资源，对教师来说，是一个重大挑战。

2. 网络教学的有效性问题

网络教学虽然打破了地域和时间的限制，提高了教学的便利性，但是其有效性问题一直被人们质疑。网络教学缺少教师与学生的面对面交流，学生容易分心，因此，提升网络教学的教学效果，是高校教育管理需要解决的重要问题。

3. 教学评估的难度增大

在新媒体环境下，教学评估的难度增大。因为网络教学的教学过程和效果难以直接观察，传统的教学评估方法不再适用。如何准确评估教学质量、保证教学效果，是高校教育管理需要应对的挑战。

4. 教师角色的转变

在新媒体环境下，教师的角色正在发生变化。教师不再是知识的唯一传播者，需要从教学的主导者转变为学生学习的指导者，这对教师的教学技能和方法提出了新的要求。

5. 学生学习态度和学习习惯的问题

新媒体环境可能会改变学生的学习态度和学习习惯。网络教学缺乏面对面交流的即时监督，使得部分学生可能产生拖延行为，课程参与度下降，敷衍了事，影响学习进度和效果。若不对学生加以正确引导和有效管理，将会对整体的教学质量构成潜在威胁，因此迫切需要高校教育者和管理者共同寻找解决策略。

6. 技术支持和教学设备的问题

新媒体环境下的教学需要相应的技术支持和教学设备。如何保证技术的先进性和设备的稳定性、确保教学的顺利进行，是高校教育管理面临的挑战。

（三）管理机制挑战

新媒体对高校教育管理机制提出了新的挑战，具体体现在以下几方面。

1. 管理机制的适应性

新媒体带来的信息流通速度快、内容丰富等变化，使得传统的管理机制面临适应性的问题。传统的管理机制往往以规范和控制为主，无法有效适应和引导新媒体带来的变化。

2. 决策速度的挑战

在传统的管理机制下，决策往往需要经过多层审批和烦琐的程序。然而，新媒体带来的信息流通速度加快，使得高校教育管理者需要在更短的时间内做出决策。这对高校教育管理者来说，是一个不小的挑战。

3. 信息管理的挑战

新媒体环境下，信息的生成和传播非常迅速，因此，如何有效地收集、分析和利用这些信息，成为高校教育管理中的一个重要问题。

4. 管理透明度的挑战

传统的管理机制往往缺乏足够的透明度，容易引发学生和教师的不满和抵触。而新媒体的开放性和互动性要求高校教育管理具有更高的透明度。因此，如何公开、公开哪些内容等成为高校教育管理的一个重要问题。

5. 人力资源管理的挑战

新媒体环境下，教师和学生的角色和需求都在发生变化，这对人力资源管理提出了新的挑战。如何有效地激励和引导教师和学生，使他们适应新媒体环境，成为高校教育管理的一个重要问题。

6. 管理伦理的挑战

新媒体环境下，高校教育管理也面临伦理挑战。如何在遵循伦理原则的基础上，保护学生隐私、确保信息安全等，是高校教育管理者需要解决的问题。

二、新媒体时代下高校教育管理面临的机遇

（一）丰富高校教育管理的手段

新媒体的发展对高校教育管理产生了深远影响。具有即时性、开放性和国际性特征的新媒体，不但为信息的传播和交互提供了更便捷的平台，而且为高校教育管理提供了丰富的手段。例如，新媒体可以帮助高校教育管理者获取广泛的教育素材和资料，设计生动有趣的教育内容，从而全面丰富教育管理的内涵。

新媒体提供了多个开放、即时的交流平台，如社交媒体、在线论坛等。通过这些平台，高校教育管理者可以与学生进行实时的交流和互动，了解他们的想法和需求，及时解决他们在学习和生活中遇到的问题。这种即时的、双向的交流方式，可以提高高校教育管理者感知学生需求的敏感性以及教育管理效率。

新媒体为高校教育管理提供了丰富的信息资源。新媒体中的信息内容庞杂，涵盖各个领域的知识和信息。通过这些信息资源，高校教育管理者可以获取最新的教育理念和管理方法以及各种教育管理素材和资料，从而提高自身的专业水平和素质。

新媒体为高校教育管理提供了新的方式和手段。通过新媒体，高校教育管理者可以制定个性化的教育管理策略，例如，通过数据分析，了解学生的学习行为和需求；通过个性化推送服务，提供具有针对性的管理服务。此外，新媒体也为高校教育管理提供了新的评价方式，例如，通过在线调查、互动评价等方式，获取学生对教育管理的反馈，这对提高教育管理的公正性和透明度具有重要意义。

（二）提供高校教育管理人性化渠道

新媒体的发展推进了高校教育管理的变革，特别是在提供教育管理人性化渠道方面，新媒体发挥了不可忽视的作用。新媒体不但提供信息，

而且成为辅助学生思考、开阔学生视野的重要工具，为实施以人为本的高校教育管理提供了新的途径和手段。

新媒体为高校教育管理提供了更为开放和平等的交流平台。在这些平台上，学生可以自由发表意见，与管理者进行直接的互动交流，分享他们的需求、想法和困惑。这种平等、开放的交流方式，有利于加深师生之间的相互信任，营造轻松、和谐的教育环境。

新媒体实现了通过声音、图片、视频等方式来表达信息，更易引起学生的兴趣，激发他们的学习欲望，为学生创造生动、直观的学习情境。新媒体的互动性和即时性，也可以帮助高校教育管理者及时发现和解决学生遇到的学习问题，为他们提供更为个性化的管理服务。

（三）增强高校教育管理的时效性

新媒体极大地增强了高校教育管理的时效性，具体体现在信息传播速度快、管理决策效率高以及对学生需求的即时响应上。

新媒体的信息传播速度快、覆盖面广，极大地提高了高校教育管理的信息传播效率。高校教育管理者可以通过新媒体，快速地向学生传达各类信息，如新的教育政策、学校活动、课程安排等。这种即时、高效的信息传播，确保了管理信息在学生中的准确传播，增强了教育管理的时效性。

新媒体为管理决策提供了大量的即时数据。高校教育管理者可以通过收集和分析学生在新媒体上的行为数据，了解学生的需求、兴趣和问题，从而制定更加科学、合理的管理决策。这种基于数据的管理决策方式，不仅提高了决策的准确性，也增强了教育管理的时效性。

新媒体为高校教育管理者提供了一个与学生即时交流的平台。学生可以通过新媒体，将他们遇到的问题和困惑（如学习困难、生活问题等）及时表达出来。高校教育管理者可以在第一时间收到学生的反馈，并及时进行相应的指导和帮助，大大增强了教育管理的时效性。

（四）提高高校教育管理的便捷性

新媒体技术的发展和普及，已经深深地影响并改变了高校教育管理的过程，并在信息的传播、管理决策的执行、学生服务的提供等方面，为高校教育管理带来了便利。

新媒体加快了信息传播速度。高校教育管理者可以使用手机、电脑等设备，通过社交媒体、电子邮件、在线论坛等新媒体工具，快速地将管理信息传达给学生。例如，教育政策的更新、学校活动的通知、课程变动的信息等，都可以在第一时间通过新媒体传递给学生。这种方式不仅快速、高效，也节省了大量的人力和物力。

新媒体提高了管理决策的执行便捷性。利用新媒体，高校教育管理者可以实时收集和分析学生的反馈意见，及时调整和优化管理决策。新媒体也为管理决策的执行提供了便利。例如，高校教育管理者可以通过新媒体工具，随时查看和跟踪管理决策的执行情况，及时发现并解决问题。

新媒体改善了学生服务质量。高校教育管理者可以通过在线咨询、在线报名、在线反馈等新媒体平台，为学生提供各种在线服务。这种服务方式不仅提高了服务效率，也提供了更好的用户体验。学生可以随时随地获取服务，不会受到时间和地点的限制。

第二节　新媒体在高校教育管理中的应用

与传统媒体相比，新媒体具有的传播优势是显而易见的，技术的进步不仅可以带动相关产业的发展，还可以促进整个产业链条的发展。新媒体在高校教育管理领域发挥着至关重要的作用。

一、新媒体在高校教育管理中的应用价值

（一）有利于高校教育管理模式的升级

作为一种先进的信息传播媒介，新媒体对传统教育管理模式的升级有着积极的促进作用。随着新媒体的深入应用与全新教育理念的日渐深入人心，高校教育管理的空间日益扩大，教师与学生的联系已不再局限于学校，而且扩展到日常生活。教师可以借助全新的教育管理模式，全方位地了解与掌握学生的实际情况，从而制订个性化的教学方案。

新媒体技术打破了时间和空间的局限，实现了教师与学生的实时沟通与交流，使得原本固定的教学地点与教学时间具有了可选择性。传统的教学模式大多是集体教学模式，即一名教师需要在教室对几十名学生同时进行知识传授，因此难以做到一对一的交流，这也是传统教学模式的一大缺陷。然而，随着信息技术的不断发展，教师与学生实现了一对一实时的交流，学生的问题能够第一时间得到解决，大大提高了教学效果。除此之外，借助移动互联网，教师实现了对专业课程的深度挖掘，并可通过网络传播的方式，将整合的专业资源分享出去，同时，学生可以将自己的问题以留言的方式反馈给教师，从而实现了教育的"传播循环"。

（二）有助于增强师生交流互动的成效

高校将新媒体技术应用于教育管理领域，在一定程度上可以促进教育管理效率的提高，还可以有效解决教育管理过度依赖人的问题。目前，绝大多数的大学生都是"00后"，他们无论是在价值观念还是行为方式上，都已发生巨大的转变，这与互联网的出现与普及不无关联。新一代大学生更强调自我价值与隐私保护的重要性。除此之外，新一代大学生还呈现出一个显著特点——遇事喜欢与同辈探讨，而非向长辈请教，这就容易加深教师与学生之间的代沟。然而，新媒体技术在高校教育管理

领域的应用，在一定程度上拉近了教师与学生之间的距离，从而增强了师生交流互动的成效。

（三）有益于推动优质网络平台的建设

当今，许多国家都在积极推进网络平台建设，我国也应加快高校教育管理网络平台建设，并在该平台的建设过程中，最大限度地发挥网络媒体的优势，这从某种程度上也符合高校的未来发展路径。新媒体与高校教育管理的结合，既对高校教育管理观念更新有着积极的促进作用，又对高校教育管理网络平台建设发挥着一定的推动作用。高校在构建该平台的过程中，可以借助新媒体的传播力量，为学生创建更优质的学习平台。这样，一方面可以提高高校的教学效率，不断增强高校的育人效果；另一方面可以推动高校平台化发展。

二、新媒体在高校教育管理中的具体应用

我国高等教育的目的是为社会主义现代化建设服务，培养德、智、体、美、劳全面发展的社会主义事业建设者与接班人。随着信息技术日新月异的发展，我国高等教育需要进行相应的调整与改变，以与社会发展需求相适应。积极地将新媒体应用于高校教育管理，对传统的教育管理模式进行变革，便是高校未来需要解决的具体问题，主要有以下几种实现方式。

（一）建立完善的教育管理体系

要想实现新媒体在高校教育管理中的应用，需要建立"四维"管理体系。一般来说，"四维"管理指日常管理、考核管理、方向管理与能力管理。信息时代的到来，为学生获取丰富的信息提供了便利，但是由于学生的认知能力仍有待提高，对信息质量难以作出正确判断，这也为教育管理带来了巨大挑战。一般来说，学生的自律能力较差，若管理不到位极易导致学生沉迷于网络无法自拔。从日常管理角度出发，高校应采

取一系列强制性措施，对学生的网络使用时长加以控制，从而有效避免网络成瘾现象的出现。从考核管理角度出发，高校应改变以往的以成绩为中心的考评方式，向多元化的考评方式转变，并将学生的网络行为纳入考评中。从方向管理角度出发，高校需要确保每一名学生都拥有施展才华的平台与机会，这就要求高校真正做到有的放矢、因材施教。移动互联网的出现，催生了全新的教学方式，这种方式更具有针对性，具有私人化、定制化的特点。从能力管理角度出发，高校应积极向素质教育转变，注重人才的全面发展。例如，通过举办摄影大赛等活动，促使学生借助新媒体有效提升个人的自主学习能力、交际能力等。

（二）创新高校教育管理理念

进入 21 世纪，科学技术的突飞猛进，给社会带来一系列变化，高校为了适应社会发展的实际需求，也需要转变传统的教育管理理念。其一，高校应当将新媒体技术广泛应用于日常管理中，促使其与日常教学活动更加紧密的结合。其二，管理者应当积极提升自身的媒体素养，主动学习新媒体技术的理论知识与操作方法，并制定与之相关的应急预案。其三，一线管理人员应当熟练掌握各类新媒体的应用方法，构建多渠道、多元化的信息沟通平台，及时获取学生的动态信息。例如，一线管理人员可以通过 QQ、微信等社交软件实现与学生的实时互动，及时掌握学生的思想动态，发现学生存在的问题，据此调整管理策略，从而有效提高管理效率。

（三）提升教师的教研能力

信息技术的发展推动着教育教学模式的转变，新的教育教学模式对教师的综合能力提出了更高的要求，而教研能力便是衡量教师综合能力的重要标准之一，也是保障教育教学质量与师资发展的重要支撑。这就要求教师树立与时俱进的教育理念，不断提高自身的教研能力。信息技术的介入可以有效帮助教师提高教研能力。例如，教师可以借助互联网平台，搜索并下载教学活动的相关资料，通过借鉴优秀的教学经验，有效提升自身的教研能力。教师还可以通过运用信息技术，开展线上、线下相结合的教研活动，促进教育资源的共享，从而提升自身的教研能力。

第三节　新媒体视域下的高校教育管理工作的创新

随着信息技术的迅猛发展，为了顺应社会与时代的发展需求，高校对传统的教育管理模式进行了变革，信息技术与高校教育管理的结合成为一种不可逆的发展趋势。只有转变旧有的不合时宜的教育管理模式，采取新的与时俱进的教育管理模式，才能提高高校教育管理效率，促使高校重新焕发勃勃生机。故此，高校教育管理者应当从实际出发，客观地认识高校的发展现状，理性地分析高校存在的问题，对教育管理工作进行不断创新。例如，通过新媒体技术对教育管理系统进行更新，充分发挥技术在提高管理效率上的优势。高校要想培养出更多符合新时代需求的复合型人才，需要做好以下几点工作。

一、"以生为本"提升教育管理效能

通常来说，教育管理改革对象既包括教师队伍，也包括学生群体，因此，要想顺利推动教育管理改革，既需要转变教师的教学思路和教学模式，还需要从学生角度出发，帮助他们接受与认同全新的教学思路与教学模式，对学生的意见给予充分尊重，从而构建一套符合学生预期、满足学生意愿的高校学生管理体系，真正做到"以生为本"。

高校需要随时跟踪与了解新媒体技术的发展现状与未来发展趋势，

制定切实可行的教育管理机制，提高教师的育人能力，促进教育教学质量与效率的提高，让技术优势更好地服务于教育管理。

第一，高校必须树立人本意识。新媒体之所以能够受到广大师生的喜爱，其中一个主要原因便是其可以提供个性化的内容服务，借助计算机的算法优势，受众能够快速地获取满足自己需求的内容信息，这正是"以人为本"理念的重要体现。若信息技术与高校教育管理的结合，不充分尊重教师与学生的意愿，便是对学生心理发展特点的忽视，更是对现代化教育理念的忽视。从高校教育管理现状来看，部分高校教育管理者仍缺乏服务意识，为了节约教育成本而无视人本思想，长此以往势必会对教育管理质量的提升产生一定的负面影响。为解决这一问题，高校教育管理者需要转变管理思路，树立以生为本的基本观念，正确认识与应用新媒体技术，落实人本原则，找准角色定位，逐渐由权力型向服务型转变。

第二，高校可以借助新媒体构建服务机制，对学生与教师的需求进行分析，凸显管理的便捷性与服务性。借助新媒体技术，不断扩大学生与教师的互动空间，最大限度地促使高校教育管理者有效地参与各项任务，从而了解并帮助学生解决问题，消除学生的负面情绪。

第三，在教育管理过程中，高校应当积极构建学生管理系统，并将学生档案与各类教育管理资源纳入其中，从而科学有序地开展学校教育管理工作。

二、创建公开透明的信息服务平台

传播与更新速度快、信息量大、内容丰富、搜索便捷等是新媒体较为显著的优势，这一优势有利于保障大学生的知情权。以往信息较为闭塞的时代，大学生的知情权受到一定的限制，参与学校事务管理的意愿也难以实现，以至于人们认为学生并没有参与学校事务管理的强烈欲望，然而事实并非如此。现今为信息化时代，人们获取信息资源的渠道变得多样化，也促使学生对学校政策的制定逻辑与研究论证过程有了详细了解。如此一来，则可以有效避免因沟通不畅或信息不对称而产生各类矛盾，与此同时，还能将新媒体的舆论引导功能充分展示出来。

高等教育管理者要与时俱进，充分将新媒体技术应用于高等教育的方方面面，从而推动高等教育的可持续发展，及时掌握学生的思想动态，创建符合学生心理预期与实际需要的网络信息平台，抢占网络思想教育高地。信息服务平台的内容不应局限于宣传学校的各项规章制度，还可传播各种新闻资讯，弘扬中华优秀传统文化，发布国内外科学技术领域的最新成果等，从而丰富学生的课余知识，开阔学生的视野。

第一，信息服务平台的建立应基于全面的需求调研。每个利益相关者都有其独特的信息需求，因此需要通过调研来了解这些需求，并以此为依据进行平台设计。例如，学生可能需要获取课程设置、教学评价、学费支付等方面的信息；教职工可能需要获取教学资源、研究项目、人事政策等方面的信息；管理者则可能需要获取各类管理报告和决策参考资料。

第二，信息服务平台应提供多样化的信息服务。平台不仅应提供各类文字信息；也应提供图表、视频、音频等内容，以满足不同用户的阅读和学习习惯；还应提供搜索、订阅、分享等功能，以方便用户找到、关注和传播他们感兴趣的信息。

第三，信息服务平台应注重用户的体验感和互动需求。平台的界面设计应坚持简洁美观、易于导航的原则，同时应适配更多的移动设备，以方便用户的使用。此外，平台还应提供各种互动功能，如评论、投票、讨论区等，以鼓励用户分享观点、交流经验、建立社区。

第四，信息服务平台的运营应坚持公开透明的原则。所有的信息发布应做到及时、准确、完整，不应有任何的隐瞒和歪曲。另外，平台还应定期公布运营报告，介绍平台的用户反馈、改进计划等内容，以向所有利益相关者展示平台的运营情况和发展方向。

三、依法治校，维护学生的合法权益

政府信息公开制度的实施，有效地保障了公民知情权的实现，而听证制度在高校各部门管理工作中的广泛应用也有保障学生知情权的作用。新媒体技术在高校教育管理中的应用可以最大限度地借鉴这一制度。具体来说，就是给予学生一定的管理权，使其充分参与学校事务管理工作，并在相关制度的落实过程中，采取听证的方式，构建网络平台，加强制度建设，将新媒体在高校教育管理工作中的作用充分挖掘出来，保障学生能够随时了解学校的规章制度及其背后的制定逻辑，借助网络平台收集学生的意见与反馈，从而进一步完善制度建设。部分担任学校管理者的学生也可以通过网络平台搜集与整理各类反馈信息，并结合学校的实际情况举办较为正式的听证活动。新媒体环境下的听证制度，一方面可以确保学生的权益不受损害，主体地位不受影响；另一方面能够避免教学管理过程中各种问题的出现，从而确保学校各项规章制度的制定与执行。

四、加强校园文化建设

通常来说，校园精神文明可以通过校园文化活动得以体现，而校园文化活动也是衡量一所学校办学标准的重要因素之一。可以说，校园文化对学生思想观念、价值取向与行为方式的形成具有潜移默化的影响，也对学生的终身发展具有重要影响。校园文化建设大致可以分为线上与线下两种途径。

第一，高校需要紧跟时代发展潮流，结合当代大学生的行为习惯，对他们的兴趣爱好进行分析，然后借助网络信息技术，搭建综合应用平台，为学生提供各种文化活动，保障学生在参与活动的过程中感悟人生，提升自我修养。

第二，高校应当将健康的文化价值理念积极地融入校园文化中，培

育优秀的校园文化，打造学校教育品牌，将文化融入育人的全过程，使之与学生的成长结合在一起，让学生在潜移默化中感受文化的熏陶。

五、加强舆情监管，营造清朗的网络生态

新媒体的出现使得信息的流通更加顺畅，与传统媒体相比，新媒体的信息传播具有更强的交互性，人们可以在各大社交平台随时发布消息，无疑造成了新媒体内容的混杂。

为了防止不良信息的传播对学生造成负面影响，高校应当建立校园网络舆情管理制度，并成立相应的管理部门，以加强对新媒体信息的监控。除此之外，高校还应制定网络信息安全应急预案，以便在危机发生时（如发生群体性事件），学校能够及时做出反应，尽可能地减少不必要的损失，对学生进行正确引导，快速查清事实真相，及时公开处理结果。

与此同时，高校可借助新媒体信息矩阵，对舆论加以正确引导，引导学生冷静看待群体性事件，客观理性地对事件原因进行分析，认清事件本质，从而有效避免群体性事件的再度发生。

六、提升网络素养，引领文明成长

目前，高校学生获取信息的重要途径之一便是新媒体，因此加强对学生的管理不能忽视对学生网络素养的提升。以下是提升学生网络素养的重要措施：其一，向学生普及网络安全相关的法律知识，当自身的合法权益受到威胁或者侵害时，要学会用法律的武器维权。其二，加强对学生的网络道德教育。网络是一个虚拟空间，人们通常可以匿名发表言论，如果不进行一定的道德规范和行为约束，会给一些无辜的人带来巨大的伤害，因此，应当积极引导学生在网络空间遵守道德规范，这样既可以有效净化网络环境，又可以提高学生的信息判断能力。其三，增强学生的网络安全意识。虽然学生具备一定的信息保护意识，但是在使用

网络的过程中，难免会透露自己的个人信息，例如，一些网站要求输入个人身份信息才能进行注册。高校应当及时引导学生科学合理地使用网络，树立自我保护意识，对个人信息与财务状况进行重点保护，当受到非法侵害时，要学会用法律的武器维护自身合法权益。

新媒体的出现，一方面为学生提供了丰富的信息资源，另一方面极易导致学生患上网络成瘾综合征。一些学生沉溺于虚拟的网络世界无法自拔，从而严重地影响了自己的正常学习与生活，高校教育管理者应当积极实行一系列措施，对学生的网络成瘾行为加以正确引导。其一，时常关注学生的学习状态，给予他们充分的关心与帮助。其二，对学生进行科学的管理与引导，对沉溺于网络难以自拔的学生进行正确的心理疏导，分析原因对症下药，帮助其摆脱网络的诱惑。例如，有的学生由于在现实生活中极少获得成就感，需要借助虚拟的网络世界满足心理需求。对于这类学生，高校教育管理者应当给予他们更多的肯定与鼓励。若学生沉迷于网络，是因为缺乏现实层面的交流与沟通，那么高校教育管理者就应当积极地鼓励学生多参加学校的社团活动，并安排他们做一些力所能及的工作，提高他们的人际交往能力，从而更好地引导他们远离网络，回归现实生活。

第四章　新媒体时代下高校教育管理阵地场域构建

大学生教育管理工作是高校教育管理的重要内容。教育者在开展教育活动的过程中，运用特定的教育方式，搭配特定的媒介，选择性教授受教育者相关知识，并与受教育者展开友好互动，从而大幅度提升受教育者的素质和道德情操。

如今，新媒体的广泛应用与普及使得网络思想教育迅速成为大学生教育管理的重要内容。为了实现教育目的，教育者可以采用恰当的方式开展大学生网络教育管理工作。

第一节　运用QQ、微信等即时通信软件开展大学生教育管理工作

随着时代的发展、网络技术的进步，当今社会基本实现网络化，人与人之间的关系也发生了巨大变化，尤其是微信、QQ等即时通信软件的大规模应用，使得大学生之间的交流更为方便。这两款社交软件一经发布，就深受无数人的喜爱和应用，并受到极高的评价，更重要的是，这两款软件的群组聊天功能为大学生开展集体活动提供了有效沟通途径。在群组聊天中，大学生可以围绕共同的话题展开深层的讨论，也可以为解决某些问题出谋划策。这种方式也可以应用到大学生教育管理工作中，即创建一个或多个群组，邀请相关学生加入，在群内发布调查问卷邀请学生回答，同时收集学生的反馈。根据反馈内容，可以清楚地掌握学生的思想状况，并对可能出现的问题采取有效的、针对性的措施，确保教育管理工作顺利开展。

当大学生教育管理者选择成立专门的管理群组时，意味着他们构建了一个开展教育管理工作的特殊平台。通过这个平台，管理者不仅能实

现与学生的友好交流，还能将亟待解决的复杂问题发布到群组中，寻求学生的帮助，并一起找出解决问题的方法，这个过程还能促进学生间的交流和互动。甚至，管理群组还是学生的另一个"家"，学生可以在群里倾诉自己的压力、烦恼等，既能找到宣泄情绪的渠道，又能得到其他人的理解、慰藉。

一、QQ、微信等即时通信软件作为教育管理载体的优势

（一）增强教育管理的育人效果

QQ、微信等即时通信软件在教育管理领域发挥着巨大的作用，尤其在增强教育管理的育人效果方面表现突出。下面将围绕这一主题展开论述。

QQ、微信等即时通信软件提供了即时的交流平台，使得教育管理者能够即时与教师、学生及其家长进行沟通。这种即时交流有助于教育管理者快速了解和解决教学过程中的问题，提升管理效率，从而增强教育管理效果。

QQ、微信等即时通信软件提供了丰富的交互方式，如文字、语音、视频等，这使得教育管理者能够更加生动、直观地传达信息。例如，教育管理者可以利用QQ的视频功能开展线上教学工作会议，从而提升管理工作效率。

QQ、微信等即时通信软件的广泛使用扩大了教育管理的影响范围。通过QQ群、微信群，教育管理者可以快速、有效地将教学信息、学校政策等传达给相关的教师、学生及其家长，提高了信息传达的效率，使教育管理工作变得更加便捷。

QQ、微信等即时通信软件也有利于教育管理者收集学生的反馈信息，并根据反馈信息及时调整教育管理策略，从而提升教育管理效果。例如，教育管理者可以通过微信群或QQ群收集学生对新政策的反馈意

见，然后据此进行相应的调整，以提高教育管理效果。

（二）扩大教育管理的针对范围

QQ、微信等即时通信软件在扩大教育管理的针对范围方面具有明显优势，具体体现在以下几个方面。

QQ、微信等即时通信软件能够覆盖广大的网络用户，特别是年轻一代。这些即时通信软件的用户基数庞大，几乎涵盖了所有教育阶段的人群，从学龄儿童到在校大学生，再到成人继续教育的学员，从而使得教育管理可以更全面地覆盖教育对象。

QQ、微信等即时通信软件的移动性和即时性，使得教育管理不再受地域、时间的限制。无论学生是在学校还是在家，无论是在城市还是在农村，甚至在偏远地区，只要有网络连接，就可以实现在线教学和管理。除此之外，无论是发布通知、答疑解惑，还是进行在线辅导，只要有网络连接，都可以随时随地进行，大幅度提升了教育管理效率。

QQ、微信等即时通信软件可以有效地加强家校沟通。除了学生，其家长也可以被包含在教育管理体系中。例如，学校可以通过创建家长群，及时向家长传达学校的教育政策，并收集家长对政策的意见和建议，从而增加家校沟通频率，共同为学生的全面发展提供支持，最终有利于教育管理工作的顺利开展。

（三）增强教育管理的互动性

在传统的教育管理模式中，管理者与受管理者之间的交流通常是单向的，缺乏足够的互动性。然而，QQ、微信等即时通信软件的出现，有效地改变了这一情况，增强了教育管理的互动性。

QQ、微信等即时通信软件的出现和普及，打破了传统的信息传递方式，实现了管理者与学生的双向互动。管理者可以通过这些工具实时发布信息，学生可以随时反馈意见。这种双向互动的方式，不仅有利于学生理解和接受管理者的决策，还为管理者提供了第一手的反馈信息，有助于提高教育管理的精准性和有效性。

QQ、微信等即时通信软件不仅提供文字聊天功能，还支持语音、视频等，使得信息的传递和接收更加生动形象，增强了教育管理的吸引力和亲切感。例如，教师可以通过语音或视频的方式，为学生在线答疑解惑。

QQ、微信等即时通信软件的群组聊天功能，有利于增强学生之间的交流与互动，培养学生的团队合作精神。例如，教师可以设立作业讨论群，鼓励学生之间相互讨论，有利于增强教育管理的亲和力。

QQ、微信等即时通信软件的个性化功能，如背景设定、表情包等，为教育管理增添了趣味性，减轻了学生对管理的抵触，提高了教育管理的被接受度。

二、运用即时通信软件开展教育管理工作

即时通信软件的普及为高校教育管理工作提供了一个新的方向。该部分将详细阐述如何在大学生教育管理工作中运用即时通信软件。

（一）创建群组

即时通信软件可以实现人与人之间的即时交流，其中的群组聊天功能更是可以实现多人的即时交流，所以，管理者可以通过创建群组，实现信息的传递和共享。例如，管理者可以创建一个包括所有人在内的群组，也可以根据学生的需求、特点创建多个群组，如学生活动群、学生资源分享群、课程讨论群等。

（二）信息传递

即时通信软件能实时在人与人之间传递各种形式的信息，包括语音、图片及文字等。所以，管理者可以通过即时通信软件向学生传递考试安排、学习资料及课程表等信息，学生可以通过即时通信软件向管理者反

馈相关意见和问题。由此，管理者和学生可以通过这种信息传递实现交流和互动。

（三）学生管理

即时通信软件能为学生管理提供便利。通过即时通信软件，管理者不仅能了解学生的考勤、成绩等基础信息，还能及时掌握学生的学习情况和学习需求，从而为决策制定提供事实依据。

（四）学习辅导

即时通信软件能为学习辅导提供便利。高校教育管理者可以通过即时通信软件将各种学习资料以及教学视频发给学生，这样学生在课外也能学习；管理者还可以通过即时通信软件对学生进行一对一辅导和答疑，帮助学生更好地掌握课程知识，提高学习效果。

（五）活动组织

即时通信软件可以为学生活动提供组织和宣传便利。例如，管理者可以通过即时通信软件将活动的时间、地点、参与人员等具体信息告知学生，同时学生可以通过即时通信软件邀请其他学生参加活动，从而增进学生之间的交流与互动，增强学生的团队协作能力。

三、QQ、微信在大学生教育管理中的应用研究

（一）QQ 在大学生教育管理中的应用

1. 群聊功能的应用

在大学生教育管理中，QQ 的群聊功能非常重要。以下是这个功能的主要应用及其价值。

（1）组织和管理。通过创建 QQ 群，管理者可以对一批特定学生进行有效的组织和管理。根据学科、班级、活动、项目等标准，可以划分

不同的群组，这有利于保障信息传达的精确性。管理者还可以通过设定群管理员，分出部分管理工作，从而有效地提高管理效率。

（2）沟通和交流。QQ 的群聊功能给予了所有群成员发言和分享的机会，从而有利于促进学生之间的交流。在这个开放的环境中，学生可以讨论学术问题，分享学习资源，甚至就生活中的问题寻求帮助，从而有利于增强群体的凝聚力。

（3）教育和引导。管理者可以利用 QQ 的群聊功能开展在线教学活动，如发布课程内容、分享教学视频、进行在线答疑等。在这个过程中，学生可以随时提出问题，管理者需要给予即时指导。此外，管理者可以发布学习策略、时间管理技巧、职业规划建议等，对学生进行全方位的引导。

（4）活动组织。管理者可以利用 QQ 的群聊功能安排活动流程。例如，可以通过发布活动通知、收集参与者信息、明确活动细节等方式，进行活动的前期准备。在活动进行中，可以在 QQ 群中实时更新活动进度，收集反馈，处理问题。在活动结束后，可以进行总结，并向参与者展示结果。

（5）反馈和评估。在大学教育管理中，了解学生的需求、评估教育效果是非常重要的。QQ 的群聊功能提供了一种收集反馈的便捷方式。例如，管理者可以通过在 QQ 群中发布问卷、发起投票等方式，收集学生的意见和建议；也可以通过观察学生在讨论中的活跃程度，了解他们对课程内容的理解程度，从而对他们进行整体评估。

2.QQ 空间的应用

QQ 空间支持文字、图片、音频和视频等多种格式的信息，因此，它被广泛地应用于教育管理中，并发挥了重要作用。

（1）学习资源分享。QQ 空间允许用户发布各种类型的内容，管理者可以利用这一特性分享教学资源，如课件、讲座视频、相关文章等。

这样，学生可以在空闲时间随时查阅，有利于自我学习和复习。

（2）教学活动组织。管理者可以在 QQ 空间发布活动通知，如作业要求、考试安排、讲座预告等。学生可以通过评论、点赞等方式参与互动，有利于提高教学活动的参与度和效果。

（3）学生作品展示。QQ 空间提供了公开展示和分享的平台，学生可以在此发布自己的学习成果，如作业、论文、实验报告等。管理者可以对这些作品进行点评，引导学生进行深度思考和自我提升。

（4）校园生活展示。大学生活丰富多彩，学生可以将 QQ 空间作为展示校园生活的窗口，在上面分享自己的生活照片、活动照片等。

（5）互动和反馈。通过观察学生在 QQ 空间的状态，管理者可以及时获取学生的学习动态和情绪状态，了解学生的学习需求和困难，从而及时调整教育管理策略。同时，学生可以通过留言、私信等方式直接向管理者提出问题和建议。

3. 一对一即时交流

在大学生教育管理中，QQ 的一对一即时交流功能发挥着重要作用。下面是一些主要的应用方式和好处。

（1）即时解答学生的问题。当学生在学习过程中遇到困难时，可以直接通过 QQ 向教师或者管理者发起咨询，获得即时的回答和帮助。这样可以极大地提高学习效率，减少因为未能及时解决问题而造成的学习障碍。

（2）提供个性化的指导。由于是一对一的交流，管理者可以根据学生的具体情况，提供具有针对性的建议和指导。无论是学业方面的问题，还是生活方面的问题，都可以通过这种方式，对学生进行个性化的引导和帮助。

（3）建立良好的师生关系。通过一对一的即时交流，管理者和学生可以有更多的互动机会，这对建立良好的师生关系非常有帮助。当学生感觉到自己被关注和被理解时，他们通常会对学习产生更大的热情和动力。

（4）反馈和评价。管理者可以通过一对一的即时交流，对学生的学习进度和表现进行评价，给出建设性建议。这种直接的反馈方式，可以让学生清晰地了解自己的学习情况，更好地调整自己的学习策略。

（5）信息传递。QQ的一对一即时交流也是一种有效的信息传递方式。例如，学校的相关通知、学术讲座信息、学习资源等，都可以通过这种方式直接传达给学生。

（二）微信在大学生教育管理中的应用

1. 微信应用于大学生教育管理中的优势

当今，微信作为一种广泛应用的社交软件，正在改变人们的生活和工作方式，在教育领域，微信也有着独特的应用价值。在大学生教育管理中，微信的应用可以极大地增强管理者与大学生的互动与沟通。

微信能够提供即时的、便捷的沟通渠道。无论是管理者与学生，还是教师与学生，抑或学生与学生之间，都可以通过微信进行随时随地的沟通。这种沟通方式既满足了大家的信息需求，也顺应了大家快节奏的生活方式。

微信的互动功能可以帮助管理者更好地理解学生。通过查看学生的朋友圈动态，管理者可以了解学生的学习情况、生活情况及其需求和期待，从而更精准地进行教育管理。同样的，学生也可以对管理者的决策和行为进行反馈，这样可以增强教育管理的透明度和公平性。

微信提供了一个管理者和学生共同参与教育管理的平台。例如，通过在微信群里进行投票，学生可以参与学校的一些重要决策。这样不仅能够提高学生的参与度和满意度，还能够提高教育管理的效果。

使用微信进行教育管理也需要注意一些问题。例如，需要保证信息的安全性和隐私性；需要避免信息的泄露和滥用；需要控制沟通的频率和内容，保证沟通的效率。

2.微信应用于大学生教育管理中的策略

作为当下具有较大影响力的社交媒体之一，微信已经深入高校学生的日常生活中，成为教育管理、信息发布和交流的重要平台。如何运用微信增强大学生教育管理的有效性，是当前高校教育管理面临的一大挑战。

（1）做好微信公众号运营工作。①增加微信公众号内容的知识性和趣味性。高校微信公众号的内容应关注学生的实际需求，将教育管理的要素巧妙地融入学生感兴趣的内容中。例如，可以结合图文、视频等多种形式，发布时事热点、历史典故、重大会议或赛事、考研就业等内容，让学生在轻松愉快的阅读体验中接受教育管理的理念和要求；也可以通过开设栏目，让学生发表自己的观点和看法，管理者由此可以了解学生的思想动态，增进与学生的相互理解，从而进行更为精准的教育管理。②注重微信信息形式的多元化和互动性。微信的一大优势在于其多元化的信息表现形式，图文、音频、视频、小程序等都为内容的呈现提供了丰富的选择。管理者可以根据信息的特性，选择最合适的形式进行信息的传达，以增强信息的吸引力。例如，可以通过短视频，展示校园生活的魅力；通过小程序，提供各类校园服务，方便学生的生活；通过开展各类线上活动，如竞赛抽奖、知识问答等，鼓励学生积极参与，增加学生对高校微信公众号的黏性。

（2）建立健全监管机制和保障机制。在使用微信等即时通信软件进行教育管理时，建立健全监管和保障机制至关重要。这些机制能够确保微信等即时通信软件被有效地用于教育管理。

为确保微信等即时通信软件在教育管理中的应用效率，必须从物质和组织两方面提供足够的支持。物质支持主要体现在必要的经费投入上，包括用于运营微信公众号的硬件、软件等所需的费用。可以从国家、社会和高校等不同层面获得这些经费。组织支持则体现在需要有一支职责明确、协同高效的团队负责微信的运营工作，以确保教育管理的高效性。

为了确保微信等即时通信软件在教育管理中的有效应用，高校需要与政府和运营商共同建立起有效的监管机制。必须尽可能地为正在从他人管理向自我管理过渡的大学生提供积极正面的信息，减少有害信息的出现。这就需要建立合理的监控和反馈机制，确保学生获得正能量的信息，从而促进他们思想和心态的健康发展。

四、运用即时通信软件开展大学生教育管理工作的注意事项

即时通信软件具有的实时、高效、简单等特性，能大幅度提升管理者的工作效率，因此在大学生教育管理工作中应用即时通信软件早已成为众多管理者的共识，但在应用过程中应注意以下几点。

（一）保护学生的隐私

即时通信软件属于公共平台，无论是管理者还是学生抑或其他人，都能在平台上发布和获取信息。所以，管理者在应用即时通信软件的过程中须注意保护学生的隐私，尤其是在一些公共群组中，更要特别注意。为此，管理者在创建群组时，应只邀请相关利益者，同时设定好隐私保护权限。

（二）定期更新学生信息

即时通信软件可以记录学生的各种信息，如个人基本信息、考勤情况、学习成绩等，管理者要注意定期更新这些信息，以保证学生信息的完整性和准确性。同时，管理者还要注意保护学生信息的安全，避免泄露。

（三）及时回复学生问题

当学生通过即时通信软件向管理者提出疑问时，管理者须及时回答。

通常，学生只有在生活和学习中遇到问题时才会向管理者提出疑问，管理者不仅要认真回答每一个问题，还要尽可能地快速回复学生问题。这样做能够提高学生对管理者的满意度和信任度，促进学生与管理者之间的友好交流。

（四）保证信息的真实性

即时通信软件属于开放性信息平台，尤其在群组聊天中，信息一旦公布，群组中所有人都能看到，因此，管理者要确保发布的信息的真实性，避免对学生产生误导，产生不良影响。除此之外，管理者还要教授学生如何分辨信息的真伪，保护学生不受虚假信息的误导。

（五）规范群组管理

即时通信软件可以创建多个群组，但管理者应该根据目标、主题等不同的标准，对学生进行分组，并制定每个群组的管理规范，包括明确群组内可以发布哪些内容，不能发布哪些内容，出现违规行为时需要接受怎样的处罚。

综上所述，即时通信软件对大学生教育管理工作有不容忽视的重要作用，但管理者需要合理应用。

第二节 利用微博、抖音等资讯平台开展大学生教育管理工作

微博、抖音是当今大学生十分喜爱的应用程序，也是新兴的社交媒体平台。这类社交媒体平台和其他平台存在一定区别，例如，抖音主要以短视频的形式传递信息，微博主要以资讯发布的形式传递信息，但均

能让使用者在休闲中学到知识。从这个角度讲，抖音和微博都属于特殊的资讯平台，这种平台也可以作为大学生教育管理的有效工具之一。

一、微博、抖音概述

（一）微博

微博为高校提供了一个独特的交流平台，可以加速知识的传播，增强学生的批判性和创新性思维，加强课堂与现实世界的联系，并增强教师与学生之间的互动。

具体来说，高校官方微博是由学校官方机构（通常是宣传部门）注册并经过门户网站验证的账号，其发布的信息具有权威性和公信力。高校官方微博的特点可以归结为以下三点。

第一，微博的内容以社会主义核心价值观为导向，通过传播党的指导思想、马克思主义中国化的最新理论成果，引导学生树立正确的价值观。

第二，允许任何拥有微博账号的人与高校官方微博进行交流。在网络时代，大众与高校的互动变得更加平等。大众无须考虑现实生活中的身份和地位问题，可以轻松地与高校进行互动，这有助于提升大众对高校的认可。

第三，高校官方微博能够将文字、图片和视频等多种形式的信息融为一体，宣传社会主义核心价值观等具有强烈政治性和思想性的内容。多样化的信息表现形式能够将抽象的概念具体化、枯燥的内容有趣化，实现寓教于乐，让学生在不知不觉中接受教育。

教育改革是社会进步的必然需求，随着社会的不断发展，教育也需要不断改革以适应新的要求。教育不仅是学校的事情，还与经济、政治、文化、科学等方面有密切关系。微博作为现代信息化的产物，为教育改革和发展提供了新的思考和实践空间。

微博作为一种深受年轻人喜欢的社交媒体，正在改变高等教育环境。为适应信息传播载体的变化趋势，微博在不断优化升级，为高校政务工作的开展提供了新的动力。随着直播和短视频等新的信息传播形式成为主流趋势，微博将引导高校将这些新的形式更好地融入政务工作，从而吸引更多的用户参与互动，提升用户体验，完善高校微博的生态系统。微博作为高校政务新媒体的主要阵地，大大推动了高校政务工作的开展。未来，微博将继续发挥其优势，为高校汇集更多的资源，放大高校的正能量声音，孵化更多的高校创业团队，帮助更多的学生实现创新梦想。

总的来说，微博不仅提供了一个全新的信息传播平台，还为教育改革开拓了新的思维和实践空间。

（二）抖音

抖音已经成为高校传播信息的重要渠道。近年来，越来越多的高校开设了官方抖音账号，利用这个短视频社交平台展示校园风光，传播校训精神，发布最新资讯，宣传重大活动，扩大影响力，增强与学生的交流互动。

抖音为高校提供了一个新的展示窗口。在这个以视觉为主导的平台上，高校可以通过短视频的形式，生动地展示校园环境、教学设施、学科特色、学术氛围、学生活动等内容，吸引更多关注者，提升校园形象。例如，录制一段展示图书馆的短视频，让大家了解图书馆的建筑风格、独特的设计理念以及内部的设施布局等。

抖音是高校开展宣传工作的新阵地。高校可以利用抖音传播校训精神，宣扬学术理念，引导校园风尚，营造积极向上的校园文化。例如，发布一些关于公正、爱国、诚信、友善等方面的短视频，鼓励学生积极实践这些社会主义核心价值观。

抖音是高校发布信息的新媒介。高校可以利用抖音及时发布最新资讯，如招生信息、就业信息、讲座信息、活动信息等，方便学生及时了解和参与。与传统的官网、微信、微博等信息发布渠道相比，抖音的传播速度更快，影响力更大。

抖音是高校开展交流互动的新平台。通过评论功能，高校可以听取更多人的声音，回答他们的问题，增强与他们的互动。高校还可以通过抖音发起各种活动，如短视频比赛、问答活动、话题互动等，鼓励学生积极参与，从而增强他们的归属感和荣誉感。

总之，抖音作为一种新的社交媒体，为高校的信息传播和校园营销开辟了新的可能。随着抖音的不断发展，相信未来高校会更好地利用这一平台，实现自身影响力的持续提升。

二、微博、抖音等资讯平台在教育管理中的优势

（一）传播力强

微博、抖音等资讯平台已被广大用户接受和使用，尤其在年轻人中有着极高的活跃度。这些平台的特点是信息传播快速，覆盖面广，能够有效地传递各类信息。这些特点使其在大学生教育管理领域显示出巨大的优势。

微博、抖音等资讯平台提供了一个直接、快速传递信息的渠道。传统的教育信息传播方式大多为口头传播和文字书信传播，传播速度慢。而现在，高校可以通过发布微博或短视频的形式，向学生传递校园动态、教学安排、活动通知等信息。这种信息传递方式更迅速、更直观，大大提高了信息的传递效率。

微博、抖音等资讯平台扩大了信息传播范围。传统的教育信息传播方式（如公告板、校园广播等）的传播范围有限，只能覆盖校内学生。而微博、抖音等资讯平台的信息传播范围广，不仅能覆盖校内学生，还能覆盖校外的家长、其他社会人士等，扩大了信息的传播范围。

微博、抖音等资讯平台的互动性强，能够实现双向的信息交流。传

统的教育信息传播方式大多是单向的，教育管理者发布信息，学生接收信息，缺乏交流和反馈。而微博、抖音等资讯平台则可以实现教育管理者和学生之间的双向交流。学生可以通过评论、点赞、转发等方式参与信息的传播，提出自己的看法和建议。

微博、抖音等资讯平台具有开放性，能够与其他信息平台进行整合，形成全方位、立体化的信息传播体系。例如，高校可以将微博、抖音与校园网站进行关联，形成互动性强、传播效率高的信息传播体系。

（二）影响力大

微博、抖音等资讯平台的出现，深刻地改变了信息传播的方式和形态。特别是在大学生教育管理领域，这些平台的运用不仅改变了教育信息的传播方式，更加强了教育管理的影响力。以下将具体阐述微博、抖音等资讯平台在提升教育管理影响力方面的优势。

微博、抖音等资讯平台的跨时空性特点进一步扩大了教育管理的影响力。这些平台突破了空间和时间的限制，使得管理者可以在任何时间快速地向学生和社会传达各类信息，且无论学生在何地，只要有网络连接，学生都能接收到信息。

微博、抖音等资讯平台的互动性特点进一步增强了管理者与学生之间的互动。这些平台的点赞、评论、转发等功能，实现了管理者与学生之间的双向交流。这种双向交流，使得教育管理的内容能够更深入人心，更有效地影响学生的思想和行为。

微博、抖音等资讯平台的视觉化特点使得教育管理的内容更加生动。通过精心设计的图片、视频等视觉元素，可以更直观、生动地传达教育管理的内容，更有效地吸引用户的注意力，提升信息的吸引力和影响力。

微博、抖音等资讯平台的定向性特点使得教育管理的内容更为精准。通过对学生数据的分析，管理者可以根据其特点和需求，发布更具有针对性的内容，从而更有效地影响学生，实现精准教育管理。

（三）公信力高

即使在全球范围内，微博、抖音等资讯平台的影响力也无法被忽视。在教育管理中，这些平台更是显示出对提升教育机构公信力的独特优势。

微博、抖音等资讯平台是广大学生获取信息的重要渠道。多项调查显示，大多数学生在获取学校信息（包括课程信息、校园活动、行政通知等）时，更倾向于选择这些平台。学校通过这些平台发布信息，能够被学生及时接收。

微博、抖音等资讯平台提供了丰富多样的信息表达方式，如文字、图片、音频和视频等，使得信息可以更直观、生动的方式进行传递，有利于吸引学生的注意。例如，学校可以通过发布教学视频，让学生直观地了解学校的教学质量；通过直播校园活动，让学生真切地感知校园的活力和生机；通过文字发布重要通知，让学生及时了解学校的政策和规定。

微博、抖音等资讯平台为管理者与学生的实时交流提供了条件。例如，管理者可以通过回复学生的评论，解答学生的问题；还可以根据学生的反馈，改进教育管理的策略和措施。

微博、抖音等资讯平台为管理者深入了解学生提供了可能。例如，管理者可以通过分析学生的关注和点击数据，了解学生的兴趣和需求，为学生提供更贴心的服务；通过分析学生的评论和反馈，了解学生对学校的评价和建议，不断提高教育管理质量。

（四）引导力强

在当今社会，微博、抖音等资讯平台已成为强大的引导工具，在教育管理领域，它们的引导力显得尤为强大，主要表现在以下几个方面。

通过学生在微博、抖音等资讯平台发布或分享的信息，管理者可以了解学生最近的学习和生活状态，并进行适当引导。例如，管理者可以通过在微博和抖音上分享在线课程、学习方法、科研动态等信息，引导学生积极参与学习；也可以通过发布关于健康生活、个人发展、社会责任等主题的内容，引导学生培养良好的生活习惯和树立正确的社会价值观；还可以通过评论、转发、点赞等功能，对学生的优秀行为进行表扬和肯定，及时为遇到困扰和问题的学生提供指导和帮助。

微博、抖音等资讯平台的数据分析功能可以帮助管理者更准确地了解学生的需求和兴趣，从而制定更有效的引导策略。例如，通过对学生在社交媒体上的行为数据进行分析，了解学生的学习兴趣、生活状态等，从而进行有针对性的引导。

总而言之，微博、抖音等资讯平台的广泛普及和高使用率使得其成为管理者引导学生的重要工具。通过这些平台，管理者可以实时、快速地向学生传达信息，引导学生形成良好的学习和生活态度。

三、资讯平台教育管理功能的应用

（一）发布教育短视频

抖音是当前较为热门的短视频应用程序之一，且微博等其他平台也开发出了独属于自身的短视频程序。管理者只需将包含学习技巧、考试方式、实习经验等与教育相关的短视频发布在这类资讯平台上，就能让更多的学生看到并从中学到相关知识。重要的是，这些平台还会根据短视频的主题和需求，对短视频进行精准分类，这样学生就可以快速找到更贴合自身需求的短视频。

（二）定期开展教育直播

资讯平台一般都具有直播功能，所以管理者可以借助这一功能定期开展教育直播，教授学生知识，为学生的学习提供指导。此外，教育直播不仅能让更多的学生接受教育，还能增进管理者与学生之间的友好交流。

（三）实时互动与交流

资讯平台可以实现管理者和学生之间的实时互动与交流，既能方便管理者回答学生提出的疑问，也能增强学生对管理者的信任感和满意度，从而更愿意遵循管理者给出的指导建议。

（四）组织学术活动

管理者可以通过资讯平台组织各种形式的教育活动，如讲座、比赛、研讨会等，并可邀请众多学生参加，这样既能提高学生的学习兴趣和学习积极性，也能增强学生对教育的参与感和认同感。

（五）丰富大学生生活

管理者不仅可以在资讯平台上发布与教育有关的内容，还可以发布一些描绘多姿多彩的大学生活的短视频，如各种各样的社团活动、文艺演出活动等，增强学生对大学生活的热爱。

总而言之，资讯平台在大学生教育管理中具有多重优势。但是，资讯平台毕竟是一个开放的平台，教育管理者必须保证发布的内容是合规、合法、真实的，同时注意保护学生的隐私。

四、运用资讯平台进行大学生教育管理的注意事项

在利用微博、抖音等资讯平台开展大学生教育管理时，应注意以下几点。

（一）制订详细的教育管理计划

在开展大学生教育管理之前，管理者需制订详细的教育管理计划，包括管理目标、内容、方法、流程等，保证教育管理工作的顺利开展。

（二）关注学生的需求和兴趣

在应用资讯平台开展大学生教育管理工作时，管理者需要从学生的

角度出发，制作一些能吸引学生的、有意义的内容，再将其发布到平台上，以激发学生的学习热情。

微博、抖音等资讯平台有一个独特的优点，就是会根据用户的浏览内容总结用户的喜好，并为其推送相关的内容，从而增强用户对平台的参与度和关注度。

（三）维护账号的形象和声誉

管理者在应用资讯平台开展大学生教育管理工作时，应主动维护账号的形象和声誉，坚决抵制不良信息和低俗内容，避免学生受到不良影响。维护账号的形象和声誉，可以从以下几方面着手。

1. 保障信息的真实性

在发布信息前，管理者需要对信息的真伪进行辨别，保障信息来自权威渠道，以保证发布信息的真实性，避免因发布虚假信息影响学校的信誉。

2. 谨慎处理敏感信息

在发布信息前，管理者应确定信息不涉及他人隐私且不具有敏感内容，如果信息中含有隐私内容，必须先寻求当事人的允许。

3. 与读者建立互动

在发布信息后，管理者需要及时翻看读者的留言和评论，尽可能地回答读者提出的疑问，认真分析他们反馈的内容，以彰显账号主体的专业性和负责的态度。

4. 发布高质量内容

管理者应尽量发布具有价值、有趣、有深度和有吸引力的内容，以提高读者的黏性和忠诚度。

5.遵循道德标准

管理者在发布文字信息时，不使用低俗的、带有攻击性或侮辱性的语言，彰显内容的客观性、公正性、专业性；在发布图片、视频以及音频内容时，要进行反复审核，坚决抵制暴力、淫秽、恶俗、不道德以及带有攻击性的内容。

6.建立专业形象

管理者在发布信息时应选择合适的语言，用简洁、条理清晰的语言阐述信息内容，给人一种非常专业的印象。

7.持续更新

管理者需要不断学习教育管理学、人力资源管理、财务管理、组织行为学等相关领域的知识和技能，增强自己对相关领域最新发展动态的敏感度，确保发布的内容紧跟流行趋势。

8.定期检查账号

管理者需要定期检查账号，既要检查账号内容，也要检查账号安全，避免账号受到恶意评论或黑客攻击。

（四）加强对学生的管理和跟踪

管理者在利用微博、抖音等资讯平台开展大学生教育管理工作时，需要加强对学生的管理和跟踪，定期分析、评估学生的学习情况、活动参与情况等，并据此及时调整教育管理计划，提高教育管理质量。

总而言之，教育管理者在利用微博、抖音等资讯平台开展教育管理工作时，需要制定详细的计划和策略，关注学生的需求和兴趣，维护账号的形象和声誉，保护学生的隐私和信息安全，加强对学生的管理和跟踪。要知道，只有这样，才能帮助学生更好地学习和成长，实现教育管理的目标和价值。

第三节　新媒体时代下高校网络舆情管理机制的创新

网络舆情管理机制是高校教育管理工作的重要组成部分。传统的舆情管理机制已经不符合当前的新媒体环境。所以，为了更好地适应网络环境的变化，高校必须不断改进并创新网络舆情管理机制。本节将详细论述构建高校网络舆情管理机制的必要性、建立原则和具体建议。

一、新媒体环境下，构建高校网络舆情管理机制的必要性

高校网络舆情管理机制指的是对当前网络上存在的各种与高校有关的事件、言论等进行有效的监控、应对和管理的一种机制。随着我国步入互联网时代，网络舆情成为影响高校形象和声誉的重要因素。因此，高校有必要建立网络舆情管理机制，维护自身的声誉和形象。

首先，新媒体环境下，高校网络舆情具有传播迅速和覆盖面广的特点。一条信息，无论真假，都可以在短时间内传播至千万级别的用户。这对高校来说，既是机遇又是挑战。一旦负面信息出现，若高校不能及时进行有效管理，便可能会在短时间内对学校形象造成巨大损害。构建高校网络舆情管理机制，能够帮助学校及时发现问题、有效应对危机、迅速减少或消除影响，从而保障学校的稳定发展。

其次，网络舆情的管理不仅关乎高校的声誉，还关系到师生的切身利益。在新媒体环境下，任何小的分歧都有可能被放大，演化为公共关注的议题。因此，建立一个健全的网络舆情管理机制显得至关重要。这样的机制不仅可以帮助高校及时发现并调解网络空间的矛盾冲突，还能为稳固校园的教育生态和保护学术自由提供坚强的后盾。通过搭建沟通桥梁，管理机制能够使各类信息在校园内快速流通，得到恰当处理，避

免矛盾的激化与扩散。此外，一个有效运作的网络舆情管理机制同样能够引导师生遵循网络行为准则，凝聚校园共识，打造积极向上的网络文化，促使高校在新媒体时代稳健前行，进而提升其整体社会影响力和公信力。

再次，网络舆情管理还是学校履行社会责任的体现。在当今信息高速流通的时代，高校不仅是知识传播的殿堂，还是社会舆论的重要发声体。通过有效的网络舆情管理，高校能在关键时刻表明立场，展现出教育机构的社会担当。这种管理机制的建立，不仅保障了信息传播的正确性和时效性，还代表着高校作为知识与道德权威的形象。当面对各类社会事件时，高校能够迅速聚合专家智慧，形成科学、理性的声音，引导公众意见，减少不实信息的扩散，维护社会稳定。此外，网络舆情管理还体现在教育实践中，高校应积极开展网络素养教育，培育学生安全、理性上网的习惯。这不仅仅是为了学生个人的成长考虑，也是为了培养他们成为未来社会的负责任公民。通过网络舆情管理，学生可以学习到如何辨别信息的真伪，如何在复杂的网络环境中保持独立思考，进而锻炼和提升自己的批判性思维。

二、高校网络舆情管理机制的建立原则

新媒体环境下，高校网络舆情管理机制的建立应遵循以下原则。

（一）科学性原则

所谓科学性原则，即高校应使用科学的方式来处理舆情事件。首先，高校应制定详细的判断标准和处理流程，避免因自身原因引发舆情的恶化。其次，高校应采用监测软件、数据分析工具等对舆情进行精准监测和分析，为舆情管理提供科学的依据。

（二）及时性原则

所谓及时性原则，即面对舆情事件，高校应通过快速反应机制，对

其进行及时的处理和回应，避免舆情扩散。在舆情发酵过程中，高校要及时掌控媒体、网络等消息来源，收集舆情相关信息，保证信息的准确性和有效性。

（三）规范性原则

所谓规范性原则，即高校在建立网络舆情管理机制时，应制定统一的管理标准和规范，严格规范网络舆情的管理流程及管理人员的职责。另外，高校应大力倡导师生遵守网络管理的行为规范和守则，保证师生用正确的方式表达和传播信息，避免其不规范行为引发舆情事件。

（四）领导层关注原则

所谓领导层关注原则，即高校领导层应对网络舆情管理工作给予高度关注和重视，同时发挥其管理和指导作用，例如，制定与网络舆情管理有关的政策和策略，明确分配舆情管理人员的权利和责任，以保障高校网络舆情管理工作顺利进行。

（五）多元化参与原则

所谓多元化参与原则，即高校应建立网络舆情管理协作机制，鼓励多部门协作处理舆情事件。例如，可以邀请学生代表、辅导员等人员参与舆情管理工作。这样既能实现资源整合和信息共享，又能提升舆情管理的质量和效率。

三、构建高校网络舆情管理机制的建议

（一）建立完善的网络舆情监测系统

网络舆情监测系统是高校网络舆情管理机制的第一道防线。对于高校来说，实时监控网络舆情的发展和转变趋势是非常重要的。一套有效的网络舆情监测系统应该包括舆情数据的获取、分析和报告等。首先，

要构建全方位的数据采集渠道。高校教育管理者不仅要关注主流的新闻网站和社交媒体平台，还要留意论坛、博客、微博等用户生成内容的平台，甚至是匿名社交网站。只有这样，才能尽可能全面地获取网络舆情信息。其次，要利用大数据和人工智能技术，对采集到的数据进行深度分析。例如，可以根据关键词出现的频率、内容的传播速度、影响范围等因素，对网络舆情的重要性、敏感性和可能产生的影响进行评估。再次，要及时地将舆情分析结果报告给高校管理层，并根据舆情的严重性和紧迫性，采取相应的应对措施。

（二）聘用高专业素质的网络舆情管理人员

网络舆情管理需要专业的人才队伍。这些人员需要具备信息技术、新闻学、社会学、心理学等多方面的知识，能从多维度理解网络舆情的形成机制和影响因素。第一，他们需要有较强的信息检索和处理能力，能快速、有效地收集和整理网络舆情信息。第二，他们需要有扎实的新闻学和社会学知识，能清晰地了解舆情的发展规律和社会影响。第三，他们需要具备心理学知识，能理解网络用户的情绪和行为模式，预测舆情的发展趋势。第四，他们需要具备良好的沟通和协调能力，能在应对危机的过程中协调各方力量，有效传达高校的立场和态度。

（三）建立健全网络舆情应对机制

应对网络舆情，需要有明确的程序和责任分配。高校应制定网络舆情应对预案，明确在舆情爆发时的应对流程、责任主体、信息发布渠道等。一旦发生舆情，应立即启动应对预案，组织专门的应对小组，迅速对舆情进行评估，并制定应对的策略。其中，信息发布是非常重要的环节。要确保信息发布的准确性和及时性，避免误导公众，加大舆情的负面影响；还要注意信息的措辞和表达方式，尽量减少公众的恐慌和疑虑，稳定社会情绪。需要注意的是，应把舆情应对过程中的所有决策和行动都记录并保存下来，以供后期进行反思和总结。

（四）与媒体建立沟通协调机制

媒体是舆情的重要传播渠道，与其建立良好的沟通协调机制，对舆情的管理和控制至关重要。高校应该与各大新闻媒体、网络媒体和社交媒体平台建立合作关系，共享信息，共同维护高校的声誉。例如，高校可以定期向媒体发布新闻稿件，介绍高校的重要活动和成果，提升高校的形象。在发生舆情时，高校可以通过媒体及时发布权威的信息，解释和阐述自身的立场，避免舆情的扩散。除此之外，高校还可以通过媒体了解公众对自身的认知和期待，收集公众的意见和建议，并据此改进高校的教育教学和管理工作。

（五）加强公关危机管理能力

公关危机管理是高校应对网络舆情的重要手段。在发生公关危机时，高校需要迅速、准确、有效地应对，以减轻危机对高校形象和声誉的不良影响。要加强公关危机管理能力，首先，高校管理层应定期举办公关危机管理培训和演练，以提升全校教职工的危机意识和应对能力。其次，高校应建立专门的公关危机管理机构，负责制定和实施危机应对策略，协调危机应对过程中的各方资源，维护高校的形象和声誉。再次，高校应该注重危机的预防。通过建立危机预警系统，高校可以监控网络动态，提前识别潜在风险，从而采取相应的预防措施。当危机预警触发时，高校应立即启动预案，采取积极措施进行干预，降低负面影响。同时，公关危机管理还需要高校具备良好的舆论引导能力，对外发布权威、准确的信息，对内加强对师生的正面引导，共同构筑起学校的形象防线。这种积极主动的态度和举措有助于高校在危机面前展现出强大的恢复力和适应力，从而赢得公众的理解和支持。

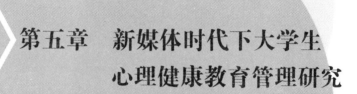

第五章　新媒体时代下大学生
心理健康教育管理研究

大学生心理健康教育是指为促进大学生心理健康发展，高校实施的一系列教育、咨询、服务和管理活动。其目的是帮助大学生更好地适应大学生活，缓解其负面情绪，提升其自我认知能力和自我管理能力，增强其心理韧性和应对能力，使其更好地实现自己的学业目标和生活目标。

第一节　相关概念界定与理论基础

一、大学生心理健康管理的相关概念

（一）大学生心理健康标准

　　心理健康标准是对一个人心理层面的状态进行评估的指标。随着社会经济的发展和科学技术的进步，心理健康标准也在不断发展演变。其中，马斯洛提出的十条心理健康标准较具代表性，涵盖了安全感、对自我能力的客观评估、人格完善、情绪控制、人际关系和个体发展等方面。[①] 在我国学者的诠释中，心理健康标准包括智力、情绪、人格、意志、人际关系和自我评价等方面。根据文献研究和实际调查，笔者认为大学生心理健康标准包括以下几个方面。

　　（1）三观正确。三观正确指大学生的世界观、人生观、价值观与社会主流价值观相符，具备正确的道德观念和人生态度。

　　（2）人格完整。大学生具备积极的人格特质，如自信、坚忍、乐观、自律等，能够适应环境变化并积极应对生活中的挑战。

　　（3）心境良好。大学生情绪稳定、积极向上，能够正确面对压力和

---

① 马斯洛.存在心理学 [M].冯艺腾，译.南京：江苏人民出版社，2022：2-8.

情绪波动，保持内心的平静和愉悦。

（4）人际关系积极和谐。大学生能与他人建立良好的互动关系，具备沟通、合作、妥协等良好的人际交往能力。

（5）自我评价客观。大学生对自己的认知客观、准确，能够正确评估自己的优点和不足，有较强的自尊心和自信心。

（6）有较强的竞争意识。大学生具备积极的竞争心态，能够在竞争中保持理智，同时尊重他人的权益。

（7）热爱生活，乐于学习，勇于追求人生价值。大学生对生活抱有热爱和积极的态度，乐于学习和成长，并勇于追求自己的人生价值和目标。

（二）大学生心理健康管理

大学生心理健康管理是指高等教育机构以及相关部门对大学生心理健康问题进行全面关注、有效干预和管理的一系列综合性工作。该管理旨在提供资源支持，帮助大学生建立积极的心理状态，提高大学生的适应能力和抗压能力，促进他们的全面发展和健康成长。

大学生心理健康管理的内涵非常丰富，主要包括以下几个方面。

（1）心理健康教育与宣传。通过开展心理健康教育课程、宣传活动、讲座等，向大学生普及心理健康知识和技巧，提高他们的心理健康素养，帮助他们正确认识自己的心理状态，掌握心理调适方法。

（2）心理咨询与辅导服务。提供心理咨询与心理辅导服务的目的是为大学生提供情感支持，帮助他们解决心理困扰。心理咨询包括个体咨询、团体咨询、在线咨询等形式，目的是帮助大学生解决学业压力、焦虑、抑郁等心理问题。

（3）心理评估与筛查。进行心理评估与筛查的目的是及时发现大学生的心理健康问题和潜在风险因素。通过心理测试、问卷调查等方法，评估大学生的心理状况，为制订个性化的心理干预方案提供依据。

（4）心理干预与治疗。对于有心理健康问题的大学生，为他们提供相应的心理干预和治疗，包括认知行为疗法、解决问题疗法、心理支持和心理药物治疗等，从而帮助大学生恢复心理健康，增强应对心理问题的能力。

（5）心理危机干预与紧急救助。针对大学生可能出现的心理危机与紧急情况，建立健全心理危机干预和紧急救助体系，包括提供紧急电话、心理危机干预团队、危机干预培训等，以及时应对和处理大学生的心理危机事件，保障他们的安全与健康。

二、大学生心理健康管理的理论基础

（一）新公共管理理论

新公共管理理论是大学生心理健康管理的重要理论基础之一。它提供了一种全新的公共行政管理理念和方式，旨在提高政府管理效率，增强公共服务质量，以及推动公共部门和市场、社会组织和公民之间的合作与共同管理。

新公共管理理论于20世纪80年代兴起，并在全球范围内产生了深远影响。其核心理念是倡导市场机制在公共部门的应用，强调效率、效能和绩效导向，注重以市场为导向的管理方式和组织形式。

在大学生心理健康管理中，新公共管理理论提供了以下重要观点和原则。

1. 绩效导向

新公共管理理论强调绩效评估和绩效管理，要求管理者以绩效为导向，通过设定明确的目标，健全绩效评估和激励机制，提高组织和个体的工作效率。

在大学生心理健康管理中，绩效导向意味着教育管理者要建立有效的绩效评估体系，对大学生心理健康状态进行量化评估，并根据评估结果进行管理策略的调整和改进。

2. 市场导向

新公共管理理论倡导将市场机制引入公共部门，以市场为导向进行资源配置和服务提供。它强调公共部门要学习市场的竞争机制和效率导向，提供符合市场需求的服务，并通过竞争来促进服务质量和效率的提升。

在大学生心理健康管理中，市场导向意味着要引入市场机制，将大学生视为消费者，了解他们的需求和偏好，鼓励社会力量参与，以为大学生提供多样化、个性化的心理健康资源和服务。

3. 社会合作与共同管理

新公共管理理论强调政府和市场、社会组织和公民之间的合作与共同管理，认为公共部门应该主动与社会各界合作，共同解决社会问题，并发挥各方优势，提供更好的公共服务。

在大学生心理健康管理中，高校应当寻求与政府机构、社会组织、专业心理健康服务机构以及学生和家长之间的合作。通过跨部门合作，不仅可以集合更多的资源来解决学生心理问题，还能够从制度和文化层面，构建一个更加全面和深入的心理健康支持体系。这样的合作模式，有助于形成一个覆盖学生校内外各个生活场景的心理健康管理网络，从而更有效地促进学生的心理健康。

4. 创新和灵活性

新公共管理理论鼓励创新和灵活性，以应对不断变化的社会需求和挑战。因此，提倡管理者采用灵活的方法和策略，适应环境变化，并主动进行创新，以提供更有效的公共服务。

在大学生心理健康管理中，教育管理者要与时俱进，积极引入创新性的管理模式与方法，及时调整管理模式，更好地满足大学生心理健康发展的需求。

5.公众参与和透明度

新公共管理理论强调公众参与和透明度，认为公众应该参与决策和管理过程，有监督政府行为的权利。而且，倡导政府与公众建立开放、透明的沟通渠道，共同推动公共事务的决策和实施。

在大学生心理健康管理中，公众参与和透明度意味着教育管理者要与大学生、家长、教职工等利益相关者建立有效的沟通和合作机制，并充分听取和考虑他们的意见和反馈，及时向他们公开相关信息，增加管理过程的透明度和可信度。

综上所述，新公共管理理论为大学生心理健康管理提供了重要的理论基础和指导。该理论促使大学生心理健康管理更加注重绩效导向、个性化服务、多元合作和公众参与。通过应用新公共管理理论，可以提高大学生心理健康管理的质量和效果，为大学生提供更全面、专业和可持续的心理支持与服务。

（二）系统管理理论

系统管理理论将组织视为一个相互作用的系统，强调整体性、相互依赖性和协调性。在大学生心理健康管理中，系统管理理论提供了一种综合性的视角和方法，能够帮助教育管理者更好地理解和管理大学生心理健康系统。

1.综合性视角

系统管理理论强调整体性和综合性，将组织看作一个相互关联和相互作用的系统。在大学生心理健康管理中，这意味着教育管理者要将大学生的心理健康问题放到更广阔的背景下进行分析和干预，考虑个体、社会、文化等多个层面的影响，以实现全面、综合的管理。

2.相互依赖性

系统管理理论强调系统中各个部分之间的相互依赖和相互作用。在大学生心理健康管理中，这意味着教育管理者要关注大学生心理健康系统中不同因素之间的相互影响和相互作用，如个体心理状态、社会支持、学业压力等因素的相互作用，在此基础上对大学生心理健康进行干预。

3. 协调性

系统管理理论强调协调性，即通过有效的组织和协调来实现系统的整体目标。在大学生心理健康管理中，这意味着教育管理者要建立协调的管理机制和团队合作，有效整合不同的管理资源和干预手段，以实现对大学生心理健康的综合管理。

4. 反馈机制

系统管理理论强调反馈机制的重要性，即通过监测和评估系统的反馈信息，及时调整管理策略和措施。在大学生心理健康管理中，这意味着教育管理者要建立健全反馈机制，及时了解大学生的心理健康状况和需求，并根据反馈信息进行有针对性的干预和改进。

5. 系统优化

系统管理理论强调通过优化，实现系统的最佳状态。在大学生心理健康管理中，这意味着教育管理者要不断进行系统性的规划和评估，优化管理资源配置，持续改进管理策略和服务模式，以提高大学生心理健康管理的效果和质量。

（三）权变管理理论

权变管理理论强调管理者需要灵活应对复杂和不确定的环境，采取适应性的管理策略和决策。在大学生心理健康管理中，权变管理理论提供了一种灵活性和创新性的管理思路，能够帮助教育管理者应对不确定性和挑战。通过应用权变管理理论，可以提高大学生心理健康管理的灵活性和适应性，增强教育管理者的创新能力和决策能力，更好地满足大学生的心理健康需求。

1. 不确定性处理

权变管理理论强调在充满不确定性和变动性的管理环境中，需要制定具有灵活性和适应性的管理策略。在大学生心理健康管理中，教育管理者面临诸多不确定因素，如学生个体差异、社会变化、心理健康问题的多样性等。根据权变管理理论，教育管理者需要灵活调整和创新管理策略，以应对不同情况和需求。

2. 创新与变革

权变管理理论鼓励管理者在面对新的情境和挑战时，要勇于创新与变革。在大学生心理健康管理中，创新与变革意味着教育管理者需要探索新的管理模式和方法，引入新的技术和手段，以满足大学生多样化和复杂化的心理健康需求。同时，还需要主动适应社会变化和心理健康发展的新趋势，及时调整管理策略和服务模式。

3. 心理弹性和适应性

权变管理理论强调管理者和组织的心理弹性和适应能力，即在面对压力和挑战时，管理者和组织能够迅速调整和适应。在大学生心理健康管理中，教育管理者需要具备良好的心理弹性和适应能力，能够帮助大学生应对心理压力和问题，并根据大学生的具体心理状态，及时调整管理策略和干预措施，帮助大学生适应新的环境和挑战。

4. 决策灵活性

权变管理理论鼓励管理者在面对复杂和不确定的情境时，采取灵活的决策方式。在大学生心理健康管理中，教育管理者需要在管理情境快速变化的情况下做出决策，并能够灵活调整决策方案。这要求教育管理者具备快速反应和判断能力，根据实际情况进行权衡和决策。

5. 反馈和学习

权变管理理论强调通过反馈和学习来持续改进和适应环境。在大学生心理健康管理中，教育管理者需要建立有效的反馈机制，通过收集和分析数据，了解大学生的心理健康状况和需求，以便及时调整和改进管理策略。除此之外，教育管理者应鼓励组织内部开展学习和知识分享活动，从中不断总结经验教训，促进管理的不断提升和创新。

6. 灵活性和适应性

权变管理理论强调管理者在面对不确定性环境时，能够快速适应和调整管理策略。在大学生心理健康管理中，教育管理者需要灵活应对不同的个体需求和情境，根据实际情况进行干预和支持，以最大限度地满足大学生的心理健康需求。

7. 创新和改进

权变管理理论鼓励管理者在面对挑战时，进行创新和改进。在大学生心理健康管理中，教育管理者需要勇于尝试新的管理方法和策略，引入新的技术和手段，以满足大学生不断变化的心理健康需求。这要求管理者具备较强的创新意识和较强的创新能力，不断探索和改进管理模式，提高管理效果和质量。

第二节　新媒体对大学生心理健康的影响分析

一、新媒体时代下大学生心理健康状况的影响因素

（一）社会因素

1.社会认知

在新媒体时代，社会认知因素对大学生心理健康状况产生了显著影响。随着信息技术的飞速发展和新媒体平台的兴起，大学生对自我和社会的认知逐渐通过网络空间建立和调整。新媒体的广泛应用改变了大学生接收信息和社交的方式，这直接影响到他们的价值观、行为模式和情感状态，进而对他们的心理健康产生深远的影响。

首先，社会认知的形成与发展及信息的呈现形态和传播速度紧密相关。在新媒体环境下，大量的信息和各种观点的快速传播，让大学生在形成社会认知时面临信息过载的困扰，信息的海量性和复杂性可能会引起他们的焦虑和压力，甚至导致信息筛选和处理的困难，影响其认知的准确性和效率。其次，新媒体为学生提供了一个自我表现和比较的舞台。在社交网络上，大家展示的大多是自己的理想化形象，这导致大学生在自我认知过程中容易形成虚拟的自我标准，经常与他人进行社会比较，这种比较往往以他人的高光时刻为参照，容易造成自我价值的低估和心理落差，引发自卑、失落等负面情绪。再次，新媒体环境下的社会认知还包括对社会现象和事件的理解和判断。由于新媒体平台具有开放性，大学生可以接触到多元的观点和信息，但同时面临着真实信息与虚假信息并存的挑战。这要求大学生必须具备辨识信息真伪的能力，否则容易

形成错误的社会认知，进而影响其心理健康。

2.社会竞争的压力

随着经济全球化和社会信息化的加速，竞争意识逐渐渗透到个人生活的各个层面，大学生在学业、就业以及社会地位等方面感受到了前所未有的压力。新媒体作为信息传播和社交互动的主要平台，不仅极大地增加了竞争的可见度，也在某种程度上放大了这种竞争压力。

首先，新媒体环境下，社会竞争呈现出更加直观和即时的特点。大学生通过社交网络不断接触到更加优秀的同龄人，如拥有高分成绩、优秀的实习经历、海外留学背景等优势的同龄人，这些信息往往被无限放大，造成所谓的"成功展示效应"，导致大学生在不断的社会比较中体验到持续的竞争压力，这种压力超出他们的心理承受能力，则会诱发焦虑、抑郁等心理问题。其次，新媒体的普及也使得就业市场的竞争变得更加透明化，可以轻易接触到求职信息、行业动态、薪酬水平等一手资讯，大学生必须在学习的同时，规划自己的职业生涯，这给他们带来心理和情感的双重压力。就业的不确定性和职业发展的压力成为困扰大学生心理健康的主要原因。再次，新媒体时代下，个人价值的实现和社会认可越发依赖外界的评价和反馈，这种现象在大学生中尤为显著。他们倾向于通过社交网络的点赞、评论和转发等来寻求认同感，这种对外部评价的高度依赖可能会导致他们的自我价值感受到威胁，特别是当遭遇网络负面评价或者没有获得预期的认可时，他们的心理健康会受到冲击。

（二）家庭因素

1.家庭结构

新媒体时代下，家庭结构变化对大学生心理健康状况产生了深远影响。家庭结构的变动（如离婚率的上升、单亲家庭的增多、子女独立性的加强等）已经被社会广泛关注。而在新媒体时代，家庭结构的变化更加复杂，家庭成员间的交流方式、情感联结的强度以及家庭支持的形式都发生了显著变化，从而对大学生的心理健康造成了影响。

首先，新媒体的普及改变了家庭成员间的沟通模式。移动互联网和社交平台的发展，让家庭交流更便捷，但同时可能导致面对面沟通的减少。大学生在面临学业压力和社会适应问题时，往往需要家庭的及时支持和沟通。然而，通信软件往往无法完全传达情感的细腻度，可能会导致大学生在面对压力时，无法得到充分的家庭情感支持，影响他们的心理适应能力。其次，新媒体带来的信息爆炸也对家庭结构产生了冲击。父母和子女由于信息接收的渠道和内容存在差异，可能会导致代沟的加深。大学生通过网络接触到的新观念、新信息可能与家庭传统价值观念有冲突，使得他们在家庭认同与社会认同之间产生心理张力，若不妥善处理这种张力，可能会增加患心理疾病的风险。再次，新媒体对家庭内部角色定位和家庭教育方式的影响也不容小觑。在新媒体兴起的背景下，父母的权威性可能会受到挑战，而子女的独立性则不断提升。大学生可能更早地承担起信息筛选、决策等角色，这在一定程度上有助于他们的成长和独立，但如果缺乏家庭教育引导，也可能导致他们在信息洪流中迷失方向，感到困惑和压力。

2. 亲子关系

在新媒体时代背景下，亲子关系的好坏直接关系到大学生的安全感、自我认同感和社会适应能力的形成。随着新媒体技术的迅猛发展，亲子交流的方式、内容及其频率都发生了改变，从而对大学生心理健康产生深远的影响。

首先，新媒体提供了便捷的沟通平台，但这种沟通形式的便捷性并不能完全替代传统的面对面交流。亲子之间的沟通质量往往决定了亲子关系的密切程度。面对面的交流有利于情感的传递和共鸣，而新媒体沟通则可能缺失这种情感交流的深度和温度。大学生在成长过程中需要父母的指导和支持，亲子关系的密切程度会影响他们处理问题的能力，尤其是在遭遇心理困扰时，父母的支持和理解至关重要。其次，新媒体时代的父母也面临着自身的挑战。他们可能因为工作繁忙、生活压力大以及对新媒体使用不熟悉而难以在关键时刻给予子女及时的关注和帮助。这种情况下，大学生可能会感到孤立无援，从而产生心理隔阂，影响其心理健康。再次，新媒体带来的信息爆炸也对亲子关系产生影响。不同年代的人对信息的理解和处理存在差异，新媒体时代的信息多元化有可能导致代沟的加深。大学生接触到的新观念和新思想可能与父母的观念产生冲突，而亲子间缺乏有效的沟通和理解，则会导致心理冲突和疏离感的增加。此外，新媒体环境下，亲子教育信息泛滥，父母可能会受到诸多信息的影响，而产生焦虑感。这种焦虑感不仅会影响父母自己的心理健康，也会通过父母的教育行为对大学生产生影响。在面临心理和情感问题时，大学生不仅需要父母的关心和支持，更需要父母的理解和接纳。

3. 家长的受教育水平

家长的受教育水平在新媒体时代下对大学生心理健康状况有着重要影响。家长的受教育水平不仅影响其经济状况和社会地位，也间接塑造了其价值观、教育理念和沟通方式，进而影响子女的心理健康。

在新媒体时代，信息传播速度加快，多元化的信息与价值观充斥在大学生的日常生活中。家长的受教育水平在很大程度上决定了他们筛选和判断信息的能力，以及他们对子女的引导方式。受教育程度较高的家长通常更能够理解和接纳时代的变化，往往能更加开放和理性地与子女沟通，更容易理解并支持子女的个性化需求。他们倾向于通过合理的方式引导子女处理网络时代的各种问题，如网络沉迷、人际交往、价值观形成等。这种引导方式有助于大学生形成正确的世界观、人生观和价值观，从而维护心理平衡和健康。相反，受教育水平较低的家长可能在认识和利用新媒体方面存在障碍。他们在信息筛选和判断上可能会更加保守，难以给予子女有效的指导和支持。在这种情况下，大学生在面对新媒体时代复杂多变的信息时可能会缺乏足够的引导，从而感到困惑和压力。在亲子沟通中，如果父母无法提供合适的建议和帮助，大学生可能会出现陷入网络虚拟世界以逃避现实问题的行为，这对心理健康是极其不利的。此外，家长的受教育水平还影响其期望值。受教育程度较高的家长可能会树立更为合理的期望，鼓励子女独立思考和自主选择。而受教育程度较低的家长可能会因为对未来感到不确定而对子女施加更多压力，诸如过度强调成绩和就业等，这些压力可能会导致大学生的焦虑和抑郁情绪。

（三）学校因素

1.学校环境

在新媒体时代，学校环境的变化尤为显著。网络技术的广泛应用改变了传统的教学模式和学习方式，课堂不再局限于物理空间，虚拟课堂、在线资源和交互式学习平台的出现极大地丰富了学习环境。这种新型学习环境为大学生提供了更多自主学习的机会，也对他们的自我管理能力、自主学习能力和抗干扰能力提出了更高要求。对于能够适应这种新环境的学生来说，他们可能会感受到学习的乐趣和成就感，从而有助于心理健康的维护。然而，对于那些适应能力较弱的学生，信息泛滥和缺乏面对面交流可能会引起他们的焦虑和孤独感，不利于心理健康。此外，学校中的社交环境在新媒体时代也经历了重大变化。社交网络的普及使得学生在现实生活中的部分人际交往转移到了网络空间。这种转变使得一些学生能够更加自由地表达自己，拓宽社交圈子，对于心理健康是一个积极的促进因素。但与此同时，网络社交也可能带来负面影响，如网络欺凌、人际交往的表面化、虚拟关系的不稳定性等，这些问题都可能成为影响学生心理健康的隐患。

2. 教学内容

教学内容在塑造学生的知识体系、思维方式及价值观方面发挥着核心作用。教学内容还间接影响着学生的情绪、压力水平以及对未来职业的选择和准备。在新媒体时代，信息的更新速度大大加快，知识的迭代周期明显缩短，这要求教学内容必须跟上时代的步伐，增加与新技术、新媒体相关的知识。这种快速更新的教学内容能够刺激学生的好奇心和求知欲，促进其主动学习和创新思维的发展。大学生通过获取最新的信息和知识，能够不断提升自我价值和竞争力，这对促进他们自信心的提升和心理健康是有益的。然而，教学内容的不断更新也带来了挑战。一方面，学生需要不断适应新的学习内容，这可能会增加他们的学习负担，引起压力和焦虑。尤其是对那些学习基础相对薄弱或自我调节能力较差的学生，这种压力尤为明显。一旦处理不当，过度的学习压力可能会导致情绪问题，甚至诱发心理健康问题。另一方面，随着教学内容与新媒体技术的融合，出现了如翻转课堂、在线教育资源等新型教学模式。这些模式要求学生具有较高的自我管理能力和自主学习能力。那些习惯被动接受知识的学生需要进行心态和学习方式上的转变，这也可能成为一种心理负担。

3. 人际关系

在新媒体时代，社交网络、即时通信工具以及各种在线平台已成为人们沟通交流的主要途径，这为大学生提供了扩展社交圈和维持人际关系更为便捷的方式，但同时带来了一系列挑战和压力。

在新媒体环境中，大学生可以轻松地与来自不同地域、具有不同文化背景的人建立联系。这种广泛的社交网络拓宽了大学生的视野，促进了跨文化理解和交流，对于培养学生的社会适应能力和开放的心态具有积极的作用。学生可以在网上找到志同道合的朋友，共享信息，讨论兴趣，这对增强他们的情感支持和心理满足感是非常有益的。然而，人际关系的虚拟化也带来了一些问题。在新媒体平台上，人们倾向于展示自己生活中最精彩的一面，这可能会导致大学生产生对现实生活的不满和对自我价值的质疑。这种"社交媒体上的虚假现实"现象可能会导致他们感到焦虑、抑郁和孤独。此外，网络社交虽然方便快捷，但缺少了面对面交流的深度和温度，人们可能因此感到人际关系质量的下降，从而对心理健康产生负面影响。

（四）个性因素

1. 自我认知

自我认知，即个体对自己的认识和理解，包括自我形象、自我效能、自尊和自我价值等方面。在新媒体环境中，学生的自我认知不仅影响着其自身的个性和行为，而且深刻影响着学生的情感状态和心理健康。

首先，新媒体的普及使得大学生在虚拟世界中构建起一个或多个自我形象成为可能。社交网络上的个人展示和互动成为他们自我认知的一个重要组成部分。他们在社交媒体上发布的内容、获得的点赞和评论、在线上建立的关系网络等，都可以反映和影响他们的自我形象。当学生在网络上获得积极反馈时，他们的自尊和自我价值感可能会得到提升；而负面反馈或网络欺凌等现象则可能导致自我形象受损，引发自我怀疑甚至是心理健康问题。其次，新媒体为大学生提供了大量可以进行自我比较的信息。大学生可能会通过比较自己与他人的成就、外貌、社交活动等来评价自己的价值。这种比较往往是不公平的，因为人们倾向于将自己的平庸之处与他人的亮点相比较。长期的不利比较可能会侵蚀大学生的自尊，增加他们的自卑感，引发心理健康问题，如焦虑、抑郁等。再次，新媒体环境下，信息的快速迭代和不断更新要求大学生不断学习新技能和新知识以保持竞争力。这对自我效能感（即个体对自己完成特定任务的能力的信心）提出了挑战。自我效能感强的学生能够积极应对学习挑战；而自我效能感低的学生则可能会逃避挑战，从而错失成长和发展的机会。

2. 心理承受能力

心理承受能力是指个体在面对挑战、压力或困境时，保持情绪稳定，有效处理问题的能力。在新媒体环境下，大学生不断接触到各种信息和观念，包括学习资源、社交信息、新闻事件等，这些信息的爆炸性增长可能超出他们处理信息的能力，导致认知过载和心理疲劳，如果学生没有足够的心理承受能力，可能会感到压力过大，出现焦虑、抑郁等心理健康问题。

一方面，新媒体平台的互动性增加了人们的交流机会，但同时导致学生必须面对来自网络空间的评价和反馈。对于那些心理承受能力较差的学生，网络中的负面信息（如网络暴力、人身攻击等）可能会影响他们的自我价值感，甚至引发心理创伤。另一方面，新媒体的普及改变了学生的学习模式，海量的信息需要学生有更强的筛选能力和吸收能力。快节奏的信息更新要求学生不断适应新的学习工具和资源，这对心理承受能力较弱的学生来说是一个挑战。部分学生可能会因为跟不上信息更新的速度而感到焦虑和沮丧。

3. 情感困惑

在新媒体环境中，大量快速流转的信息、虚拟化的人际互动以及丰富多彩的网络生活为大学生提供了前所未有的经历和体验，这些经历和体验对他们的情感世界产生了深远的影响。一方面，新媒体提供了表达自我的平台；另一方面，新媒体导致情感表达变得复杂，增加了情感困惑的可能性。

第一，由于新媒体有匿名性和去中心化的特点，大学生在表达情感时更加自由，但同时增加了他们在情感识别和管理上的困扰。由于缺乏线下交流的非言语线索（如身体姿势和面部表情），学生往往难以准确解读他人的情感状态，这可能导致误解和冲突，从而增加内心的情感困惑。第二，新媒体上的社交互动多以文本和图片的形式实现，这使得情感的真实性和深度都受到挑战。在社交网络上，人们常常展示出最完美的自己，但这并不总能代表人们的真实情感状态。大学生可能会因此感到自我形象与内心体验之间的矛盾，难以把握自己的真实情感，进而感到困惑和不安。第三，新媒体的使用改变了人们的交往模式，导致情感连接的脆弱和表层化。通过网络，情感的交流变得更加便捷和即时，但深层次的情感联结需要时间和深入交流来培养。这种浅层次的交往可能无法满足大学生对深层情感联系的需求，从而产生孤独感和情感上的不满足。

二、新媒体对大学生认知、情感和人格的影响

（一）对大学生认知的影响

新媒体的快速发展和普及为大学生提供了更多获取信息、交流与互动的机会，拓展了他们的认知领域。接下来，将从以下几个方面论述新媒体对大学生认知的积极影响。

第一，新媒体丰富了大学生的信息获取渠道。通过互联网、社交媒体和移动应用，大学生可以获得科技、文化、艺术等各领域的实时信息；还可以通过搜索引擎、新闻网站、在线学习平台等途径获取丰富的知识，开阔眼界，增加对不同领域的了解。这有助于提升大学生的综合素质和认知水平，丰富他们的兴趣和爱好，提升他们的学习和生活体验。

第二，新媒体促进了大学生之间的交流与互动。通过社交媒体平台和即时通信工具，大学生可以与同学、朋友及其他人保持更紧密的联系。他们可以分享自己的学习心得、生活经验和观点，交流彼此的想法和感受。这种交流与互动扩大了大学生的社交圈，促进了他们在文化、地域、兴趣等方面的交流，丰富了他们的社交经验。

第三，新媒体提供了多样化的学习资源和学习方式。大学生可以通过在线课程、教育平台和学术论坛等渠道，获取丰富的学习资源，并可

以在自己感兴趣的领域进行深入学习和研究，通过网络参与学术讨论和合作研究。新媒体还提供了各种学习工具和应用程序，如在线学习管理系统、学习助手应用等，能够帮助大学生更好地组织和管理学习过程。这种多样化的学习资源和学习方式，大大激发了大学生的学习兴趣和动力，提高了他们的学习效果和成就感。

第四，新媒体培养了大学生的创新意识和创造能力。通过新媒体平台，大学生可以展示自己的才华，分享自己的创意、设计作品等，并获得来自其他用户的反馈。这种互动和交流促使大学生不断尝试新的创意和表达方式，激发他们的创造潜能。通过新媒体平台，大学生可以积极参与各类挑战、比赛和创新项目，提高问题解决能力、团队合作能力和创新思维能力。

（二）对大学生情感的影响

新媒体提供了丰富多样的社交平台和情感表达方式，对大学生的情感体验和情感交流产生了重要影响。接下来，将从以下几个方面论述新媒体对大学生情感的积极影响。

新媒体为大学生提供了更广泛和便捷的社交平台。通过社交媒体平台和在线社区，大学生可以与他人建立联系，分享自己的生活、情感和经历。例如，他们可以通过文字、图片、视频等方式表达自己的情感，与他人分享快乐、悲伤或压力。这种情感交流和分享有助于减轻大学生的情感压力，获得他人的理解和支持，增强自尊和自我认同感，提升幸福感。

新媒体提供了情感表达的多样性和自由度。通过表情符号、贴纸、gif 动画等工具，大学生可以更富表现力地传达自己的情感和情绪状态。例如，他们可以选择不同的表达方式（如发表动态、发布图片、录制视频等），来展示自己的情感体验和内心世界。这种多样性和自由度能够帮助大学生更好地表达情感，增强情感表达的积极性和乐趣感。

新媒体扩大了大学生的情感支持网络。通过在线社区和群组聊天，大学生可以与志同道合的人建立起紧密的联系，分享彼此的情感体验。例如，他们可以加入各类兴趣社群、学习小组或支持团体，与其他成员进行交流和互动，共同探讨并解决情感问题。这种情感支持网络为大学生提供了更多的情感支持和理解，使他们不再感到孤独和无助，有助于提升他们的幸福感。

新媒体激发了大学生的创造性表达和分享。通过新媒体平台，大学生可以展示自己的创意、才华和独特的情感体验。例如，他们可以通过文字、图像、音频、视频等形式，创作和分享自己的情感作品，如论文、画作、音乐、摄影等。这种创造性表达和分享可以成为大学生情感表达的出口，让他们更好地理解和处理自己的情感。此外，通过了解他人的情感体验，大学生可以从中获得情感共鸣和启发，加深对情感的理解和认知。

新媒体培养了大学生的情感智慧和情感管理能力。通过参与情感话题的讨论、阅读情感类文章、观看情感导向的视频等，大学生可以获取情感相关的知识和资源，增加对情感的认知和理解，学习如何处理情感问题，建立积极的情感态度，培养健康的情感习惯等。这种情感智慧和情感管理能力的培养有助于大学生更好地应对情感困扰，提升幸福感和心理健康水平。

（三）对大学生人格的影响

新媒体提供了丰富多样的社交平台、学习资源和情感表达渠道，这对大学生的人格塑造和发展起到了重要的推动作用。接下来，将从以下几个方面论述新媒体对大学生人格的积极影响。

新媒体促进了大学生的社交互动和人际关系发展。通过社交媒体平台和在线社区，大学生可以与同学、朋友和其他人保持联系和交流，也可以建立新的社交关系，与具有不同文化背景的人进行交流和互动。这种社交互动有助于促进大学生人际交往能力和沟通技巧的提升，培养大学生的合作意识和团队合作能力，帮助大学生形成积极、开放和包容的人际关系。

新媒体提供了学习和自我成长的机会，对大学生的自我认知和自我探索产生了积极影响。通过在线课程、教育平台和学术论坛，大学生可以学习新知识、新技能，深入研究自己感兴趣的领域。除此之外，他们也可以通过参与讨论、分享经验等方式，展示自己的才华和专业知识，增强自信心和自尊心，提升自我价值感。这种学习和自我成长的过程有助于大学生的人格塑造和个人发展。

新媒体提供了自我表达和个性展示的平台，对大学生的个性发展产生了积极影响。通过社交媒体平台，大学生可以通过文字、图片、视频等形式表达自己的观点，展示自己的创意。这种自我表达和个性展示有助于大学生树立自我身份，探索个人兴趣和价值观，促进自我实现和自我满足。

新媒体提供了参与公共事务和社会问题的平台，对增强大学生的社会责任感和公民意识产生了积极影响。通过社交媒体和在线社区，大学生可以关注和参与各种社会议题、公共事务，还可以表达自己的观点和立场，参与讨论和辩论，提倡正义和公平。这种参与公共事务和关注社会问题的行为培养了大学生的社会责任感和公民意识，有助于他们的人格成长和社会参与能力的提升。

新媒体还为大学生提供了丰富的参与文化、艺术和创新的机会。通过社交媒体平台、创意平台和艺术交流平台，大学生可以了解和参与各类文化活动、艺术展示和创新项目，与其他创意人士开展交流和合作，并可以分享自己的创意和作品，获得他人的反馈。这种参与文化、艺术和创新的过程，能够大大激发大学生的创造力，提高他们的审美能力，陶冶他们的艺术情操。

第三节　新媒体时代下大学生心理健康教育管理策略研究

一、大学生心理健康教育管理的内容、形式与载体

（一）大学生心理健康教育管理内容

在新媒体环境下，丰富大学生的心理健康教育内容是一项重要的管理策略。新媒体为大学生提供了广泛的信息获取渠道和交流平台，使得网络成为他们获取心理健康知识和资源的重要途径。

提供全面、科学、准确的心理健康知识。网络平台可以通过发布文章、博客、视频等形式，提供全面、科学、准确的心理健康知识。这些知识应包括心理健康的基本概念、常见心理问题的处理方法、心理疾病的预防与治疗等。全面、科学、准确的心理健康知识使大学生能够正确认知心理问题，增强心理健康意识和自我管理能力。

提供实用的心理健康技能和策略。心理健康教育内容应包括一些实用的心理调适技能和自我管理策略，如情绪调节、压力管理、认知重构等。教育管理者可以通过文字、图片、视频等形式，对这些技能和策略进行演示和讲解，从而帮助大学生学习和掌握具体的应对方法；还可以结合案例分析，为大学生讲解在实践中运用这些技能和策略的方法，提升他们的心理应对能力。

提供案例分享和个人故事。除传递理论知识和技能外，大学生心理健康教育管理内容还可以包括真实案例和个人故事，以引起大学生的共鸣和思考。这些案例和故事可以是克服心理健康问题的经历，也可以是成功的康复历程和积极的心理变革。通过分享这些案例和故事，可以激

发大学生的情感共鸣和学习动机，鼓励他们积极面对心理问题，勇于寻求帮助和改变。

（二）大学生心理健康教育管理形式

新媒体提供了多样化的平台和工具，为大学生的心理健康教育管理形式提供了更多选择。接下来，将从以下几个方面论述大学生的心理健康教育管理形式。

开展在线心理健康课程和培训。借助新媒体平台的优势，通过视频、音频、PPT 等形式，开展在线心理健康课程和培训。这种形式不受时间和地域的限制，大学生可以根据自身的时间和兴趣参与学习。在线心理健康课程和培训可以涵盖多方面的内容，如心理健康知识、心理问题应对技巧、情绪管理等，从而帮助大学生系统学习和掌握心理健康知识和技能。

开展心理健康推广活动。通过新媒体平台，可以开展各种形式的心理健康推广活动，以吸引大学生的参与和关注。例如，可以组织心理健康主题的线上讲座、心理测试和问卷调查，推出心理健康相关的线上挑战活动。这些活动可以通过社交媒体的分享和互动功能，形成良好的传播效应，引导大学生关注和参与心理健康教育。

提供个性化的心理健康资源和工具。借助新媒体平台的技术优势，可以开发和推广个性化的心理健康资源和工具。例如，开发心理健康应用程序，根据用户的个性特点和需求，提供个性化的心理测评、自助干预程序、心理训练游戏等。这些个性化的心理健康资源和工具可以帮助大学生更好地了解和管理自己的心理健康。

（三）大学生心理健康教育管理载体

新媒体提供了丰富多样的载体和平台，为大学生的心理健康教育管理提供了更加灵活和便捷的方式。接下来，将从以下几个方面论述如何完善大学生的心理健康教育管理载体。

　　建设综合性的心理健康教育网站。创建一个专门的、整合了心理健康教育资源和服务的心理健康教育网站。这个网站可以提供全面、系统的心理健康知识和技能，还可以提供实用的学习资料、心理健康小工具等，如心理健康教育课程、心理健康测试和评估工具等，以满足大学生多样化的学习和应用需求。

　　开发心理健康教育应用程序。应用程序在新媒体时代已经成为人们生活的重要组成部分。因此，开发专门针对大学生的心理健康教育应用程序具有重要意义。该应用程序可以提供个性化的心理健康指导、自助干预方案、心理训练游戏等。由于移动设备的普及和便携性，大学生可以随时随地获取心理健康知识，从而有利于提高心理健康管理的便捷性和灵活性。

　　利用社交媒体开展心理健康宣传活动。社交媒体在大学生日常生活中扮演着重要角色，具有广泛的影响力。因此，可以利用社交媒体开展心理健康宣传活动。例如，通过发布心理健康内容、心理知识小贴士、心理测试等，吸引大学生的关注和参与；还可以在社交媒体设置互动环节，如心理健康话题讨论、在线咨询和心理支持，鼓励大学生之间的交流和分享。

　　建立心理健康教育网络社区。学校可以建立专门的心理健康教育网络社区，为大学生提供一个交流和分享心理健康经验的平台。在这个社区中，大学生可以发布心理健康相关的问题和经历，与其他学生进行互动和交流。另外，学校的心理健康专业人员也需要参加这个社区，并负责解答学生的困惑。这样的网络社区可以促进大学生之间的互助和支持，营造一个积极健康的心理健康环境。

二、做好大学生心理健康教育管理工作的路径探析

（一）加强心理健康知识宣传

在新媒体环境下，结合线上和线下的教育宣传方式，可以更全面地传播心理健康知识，提高大学生对心理健康的认知水平。

线上宣传渠道的利用。借助新媒体平台的便利性和广泛性，教育管理者可以通过社交媒体、学校官方网站、校园应用程序等渠道进行心理健康知识的线上宣传，也可以组织线上心理健康知识问答、话题讨论等活动，吸引大学生的参与和关注。

线下宣传活动的开展。除线上宣传外，线下活动也具有重要的作用。教育管理者可以举办心理健康讲座、工作坊、主题沙龙等，并邀请心理健康专家、学者、心理咨询师等参与，为大学生提供面对面的心理健康知识学习机会。这些活动可以在校园内的教室、会议室、图书馆等场所举行，以吸引大学生的参与和关注。

线上＋线下的互动形式。为了强化宣传效果和提高大学生的参与度，可以将线上和线下进行有机结合。例如，通过线上渠道宣传线下活动的时间、地点、主题等信息，吸引大学生的关注和参与；引导大学生在线下活动结束后通过线上渠道分享感受和心得体会。这种线上＋线下的互动形式可以促进心理健康知识的传播和学生间的交流与互动。

针对特定群体定制宣传策略。不同的大学生可能有不同的心理健康需求和关注点，因此，可以针对不同的群体定制宣传策略。例如，针对新生群体，可以开展入学心理健康知识宣传活动，帮助他们适应大学生活和应对新环境带来的心理压力；针对毕业生群体，可以开展职业规划和心理健康的相关宣传，帮助他们顺利过渡到职场生活。通过定制宣传策略，可以更精准地宣传心理健康知识，为大学生提供更具有针对性的帮助和支持。

建立跨部门合作的宣传机制。心理健康知识宣传需要各相关部门的合作和支持。学校的心理健康教育中心、学生事务部门、宣传部门等应共同参与，并建立跨部门合作的宣传机制。通过合作，可以整合资源，共同策划并实施线上＋线下的心理健康知识宣传活动；也可以加强与学生组织的合作，将宣传活动融入校园文化和学生活动中，提高宣传的影响力和感染力。

（二）建立健全心理健康咨询

在新媒体环境下，实行线上＋线下的心理健康咨询是一项重要的管理策略。线上咨询可以提供远程心理咨询服务，而线下咨询以面对面的方式进行，可以有更多的互动。线上＋线下的咨询形式，可以更全面、便捷地满足大学生的心理咨询需求，促进他们的心理健康成长。

线上咨询以网络平台为基础，通过文字、语音、视频等形式，为大学生提供远程的心理咨询服务。线上咨询具有时间灵活、地点无限制、匿名性等特点，适用于那些时间有限、地理位置较远、对面对面咨询感到紧张的大学生。通过线上咨询，大学生可以随时随地与心理咨询师进行交流，分享自己的问题和困扰，获得专业的建议和支持。线下咨询采用面对面的方式进行，有利于大学生与心理咨询师建立真实的互动和沟通。线下咨询具有更直接、更个性化的特点，心理咨询师可以更准确地观察和理解大学生的非语言表达，从而提供更精准的支持和建议。线下咨询适用于那些需要更深入、更细致的心理探讨和治疗的大学生，尤其是面临严重心理问题的学生。

（三）广泛开展心理健康教育活动

在新媒体环境下，线上＋线下的形式，可以更全面、灵活地开展心理健康教育活动，提高大学生的心理健康水平。

1. 线上的心理健康教育活动

借助新媒体平台的优势，可以开展各种线上的心理健康教育活动。例如，可以组织线上心理健康讲座、研讨会、工作坊等，邀请专业心理健康教育者或心理咨询师进行在线教学和讲解，大学生可以根据自身的时间安排，选择实时参与或者活动结束之后看录播。线上心理健康教育活动可以涵盖多个主题，如情绪管理、压力应对、人际关系等，帮助大学生获取相关的心理健康知识和技能。

2. 线下的心理健康教育活动

线下活动提供了更加亲近和互动的学习环境，可以提升大学生的体验感。例如，可以组织心理健康工作坊、互动讨论会、角色扮演等活动，让大学生亲身体验和实践心理健康教育的内容；还可以邀请心理健康专家、心理咨询师等进行面对面的讲座，为大学生提供个性化的指导和支持。线下的心理健康教育活动，可以促进大学生之间的交流与互动，提高大学生对心理健康教育的满意度。

3. 线上＋线下的心理健康教育活动

为了充分发挥线上和线下方式的优势，可以结合两种方式开展心理健康教育活动。例如，可以在线上平台进行心理健康知识的普及，引发学生的兴趣和关注；在线下活动中对所学知识进行更深入的探讨和实践。结合线上和线下的优势，可以为大学生提供更全面和多样化的心理健康教育体验。

三、优化大学生心理健康教育环境

（一）加快大学生心理健康教育网站的建设

在新媒体环境下，大学生心理健康教育网站作为提供心理健康知识和服务的主要平台，需要不断进行更新、优化和维护，以满足大学生的需求。

1. 更新和优化网站内容

网站的内容是大学生获取心理健康知识和信息的重要来源。因此，需要定期更新和优化网站的内容，这些内容应涵盖大学生感兴趣和关注的领域，如情绪管理、压力应对、人际关系等。同时，还应提供不同形式和风格的内容，以满足大学生的多样化需求。

2. 提升用户体验

良好的用户体验是吸引和留住大学生的关键因素。因此，网站的界面设计、导航结构、功能布局等应能确保大学生可以快速地找到需要的信息和服务。同时，网站应提供搜索、在线咨询服务、留言板等功能，方便大学生与网站进行交流和互动。通过不断改进和优化，可以提升大学生的使用体验，增强他们对心理健康教育网站的依赖和信任。

3. 建立专业的网站运维团队

为了保证网站的正常运营和持续发展，需要建立专业的网站运维团队。这个团队应由技术人员、心理健康教育者、心理咨询师等组成，负责网站的日常维护、内容更新、用户支持等工作。他们应具备相应的专业知识和技能，能够及时解决网站运行中的问题和困难。通过建立专业的网站运维团队，可以保证网站的稳定性与可靠性，从而为大学生提供高质量的心理健康教育服务。

（二）加强对大学生心理健康网站的管理

由于心理健康网站涉及大学生的隐私和敏感信息，因此，需要建立有效的监管机制，确保网站内容的合法性、准确性和可靠性。

1. 建立健全网站审查机制

学校和相关管理部门应制定网站审查规范和流程，明确对心理健康网站内容的审核标准和要求。通过对网站内容的审查，排除不良信息和虚假宣传，确保网站提供的信息和服务的质量和可信度。同时，建立定期的审查机制，对网站内容进行更新和优化，保持信息的时效性和准确性。

2. 加强对网站运营者的管理和指导

网站的运营者应具备相关的资质，并能够提供可靠的心理健康服务。学校和相关管理部门可以对网站运营者进行培训和指导，以提高他们的心理健康教育水平，增强他们的责任意识。建立定期的考核和评估机制，对网站运营者的工作进行监督和评价，确保他们遵守职业道德和规范，提供优质的心理健康服务。

3. 建立健全用户反馈和投诉机制

建立健全用户反馈和投诉机制，保证用户能够及时提出对网站的意见、建议。学校和相关管理部门应设立专门的渠道，用来接收和处理用户的反馈和投诉，及时发现网站存在的问题，并进行改进和优化，以提升用户的满意度。

4. 加强与相关机构的合作

心理健康网站的监管需要相关机构的合作，建立起一个多元参与的管理机制。学校的心理健康教育中心、学生事务部门、宣传部门等应建立密切合作，共同管理心理健康网站。除此之外，学校可以与相关的心理健康教育机构、协会等建立合作关系，分享资源、互相学习，共同推动心理健康网站的发展。

（三）提升大学生网络道德水平

随着互联网和新媒体的快速发展，大学生在网络空间中的言论和行为对其心理健康产生了越来越大的影响。因此，培养和提升大学生的网络道德水平，对维护他们的心理健康至关重要。接下来，将从以下几个方面论述如何提升大学生的网络道德水平。

1. 加强网络道德教育

学校和相关管理部门可以加强对大学生的网络道德教育,通过课程设置、宣传活动、讲座等形式向大学生传递正确的网络道德观念和行为规范。网络道德教育应涵盖多方面,如尊重他人隐私、遵守网络规则、抵制网络暴力等。通过教育引导,使大学生认识到网络行为的影响,形成良好的网络道德自律意识。

2. 建立网络道德规范和机制

学校可以制定相关的网络道德规范,明确大学生在网络空间中应遵守的行为准则。这些规范应涵盖大学生在微博、论坛等社交媒体上的言论、行为、信息分享等方面。此外,学校可以建立相应的监督和管理机制,及时处理违反网络道德的行为,并将处理结果进行通报,以起到警示和规范作用。

3. 加强网络监督和引导

学校和相关管理部门可以开展网络行为引导和培训,向大学生传递正确的网络行为理念和技巧。与此同时,应加强对大学生网络行为的监督,通过定期的网络巡查、监控系统等手段,发现并处理违反网络道德的行为。这样可以帮助大学生意识到自己在网络空间中的行为对他人和社会产生的影响,从而自觉遵守网络道德规范。

4. 加强网络宣传和正能量引导

学校可以通过网络,积极传播正能量和良好的网络行为,鼓励大学生发表积极向上的言论和观点,鼓励大学生分享正能量的故事和经验。

举例来说,某高校可以组织以"网上的正能量"为主题的在线活动,并分为"网络正能量短片制作""我在网络中的正能量故事"两个部分。在"网络正能量短片制作"部分,学校可以鼓励大学生制作短片,展示网络正能量的实际案例。短片的内容可以涵盖良好的网络行为习惯,如验证信息的真实性、保护个人隐私、尊重他人权利等；也可以包含网络公益活动，如做网络志愿者、网络公益筹款等。在"我在网络中的正能量故事"部分，学校可以鼓励大学生分享他们在网络中的积极体验和成就。例如，他们是如何在网络中获得知识、如何借助网络解决学习问题、如何通过网络参与公益活动、如何通过网络建立友谊的。活动结束后，学校通过官方网站和社交媒体平台，发布获奖短片和正能量故事，进一步传播网络正能量。这样的活动，不仅提升了大学生的网络素养，也弘扬了积极健康的网络文化，还对高校网络舆情管理机制的构建起到了积极的推动作用。

5. 建立网络道德的支持与咨询机制

为了帮助大学生理解和遵守网络道德，学校可以建立网络道德的支持与咨询机制。例如，设立专门的咨询服务，为大学生提供关于网络道德的指导和建议；建立大学生网络道德团队，由一些网络道德意识较强的学生任成员，目的是为其他同学提供帮助和支持。

6. 加强与家庭和社会的合作

家庭和社会是提升大学生网络道德水平的重要力量。学校可以与家长、社区组织、企业等建立合作关系，共同推动大学生的网络道德教育工作。例如，可以开展针对家长和其他社会人员的网络道德教育活动，提高他们对大学生网络行为的关注和引导能力。通过家庭和社会的共同努力，对大学生网络道德水平的提升形成全方位支持。

第六章　新媒体时代下大学生媒介素养培育

如今，社会媒体蓬勃发展，为了保证大学生的健康成长，高校开展媒介素养教育迫在眉睫。当前，一些国家已经将媒介素养教育纳入学校教育体系中，媒介素养教育已成为国民素质教育以及终身学习的重要组成部分。

第一节　大学生媒介素养的基本内涵

长期以来，人们对媒介素养的理解主要集中在两方面：一方面是"知识"，即"媒介是什么、媒介能干什么、媒介能带来什么"，是对实务层面的媒介内容、媒介形态、媒介组织、媒介系统，以及意义层面的媒介在社会、政治、经济、文化等领域中的角色与功能的充分认知、全面理解。另一方面是"能力"，即个人或组织为了满足自身需求应用媒介的方式和能力，包括获取、辨析媒介信息，解读媒介文本，生产媒介内容，维护、管理媒介传播关系等。无论是学习媒介知识，还是培养媒介应用能力，目的都是促进人的更好生存和发展，甚至推动整个社会的进步。

纵观世界各国媒介素养教育的发展历程可知，各国的媒介素养教育都是从教授理论知识和提高思辨能力逐步转变为重视积累技能型的实践经验和创新能力的提升。近些年，新媒体的兴盛也为媒介素养教育的理论和实践提出了一个全新的、更高层次的研究方向——从伦理准则和哲学关怀的高度重新审视和思考媒介与人及社会存在的本质关系。出现这种情况的根本原因是新媒体这种媒介能够通过网络构建一个完全平等的、互联的虚拟世界，在这个世界中，任意的个体都能脱离现实中文化背景、经济地位、社会地位等的束缚，实现能动的自由。这种自由虽然是虚幻的、象征性的、符号化的，但是随着互联网的大规模应用，"互联网+"早已与现实社会的各个领域形成连接，从某种意义上讲，网络世界正在与现实世界进一步融合，这就导致人在构建社会角色、社会关系以及规划个人发展时，越来越倾向自由的选择。在传播革命中，个体不再是被动的"受众"和被工业化大众传媒所定义的"消费者"，而是反客（体）为主（体），成为相当自由的"传播者"和"创造者"。原本非精英的、非组织式的个体已经在大众传播中掌握了一定的话语权，甚至可以和权威组织进行平等的对话，其以一己之力影响世界的可能性大大增加。但是，随之而来的各种风险同样是不可估量的，如未来社会发展以及社会秩序被打破的不确定性，网络谣言肆意传播和网络暴力发生的可能性，人们无时无刻不遭受泄密烦恼的可能性，更有甚者，黑客可以肆意攻击政府网络、军事系统、金融系统。这些并不是天方夜谭，当个体力量依靠新媒体平台脱离束缚，且不坚守法律底线、不顾道德约束时，这一切都有可能发生，这对整个社会来讲是一种难以估量的后果。知识和能力固然是媒介素养的基础和主体，但具有道德意义的权利和责任才是媒介素养的"灵魂"，这种道德层面的价值取向主要是为了实现由人—媒—社会构成的系统的良性互动和全面发展。因此，媒介素养应该是为实现由人—媒—社会构成的系统的良性互动和全面发展，以培养有道德、有理性的媒介公民为目标，以权利、责任为核心，通过教育和自觉行为，获得与媒介及其文本信息有关的一系列知识和选择、理解、批判、评估、创造、生产、传播、控制等能力。

在个人媒介素养体系中，"道德"应该是位于最上层的，主要发挥指导和统率的作用，其核心内容是将媒介素养的目标指向他人以及社会，调整人与媒介之间的关系以及人们通过媒介构建的关系。如果媒介素养体系中没有道德，人的媒介行为将会失控，人和人的关系会错位，人与媒介会产生对立或异化，社会会因媒介出现混乱或断裂等。媒介素养体系的中间层是"权利"和"责任"这对相辅相成、紧密相连的统一体。

其中，公民的媒介权利包括获取资讯、表达意见、进行传播、个人权益免受媒体侵害，以及接受媒体素养教育等。相对应的责任有信息真实、意见公正、遵守法纪、言行文明、不主动侵扰或伤害他人等。媒介素养体系的底层就是最基础的、各种各样的"知识"和"能力"。之所以这样讲，是因为如果没有完善的知识系统以及具有行动意义的批判、创造能力，公民的媒介权利就宛如空中楼阁，相应的媒介职责也会变成一纸空文。但是，如果缺乏权利和责任的指导，媒介知识和能力只能流于形式，还可能对他人、社会产生不良影响。媒介素养属于跨学科产物，其学术来源包括传播学、新闻学、教育学、信息学、情报学、社会学、管理学、文化学、艺术学、伦理学等。所以，媒介素养的组成要素极为复杂，横跨多个学科、涉及多种理论和多重应用。

根据大学生与媒介融合的程度，可以将媒介素养的学理体系分为五个层次，从下到上分别是接触—辨析—创制—参与—发展。其中，接触指开放且平等地接触各类媒介，学会根据目标获取有效信息，了解基本的传播知识；辨析指批判性地识读和理解媒介文本信息，建立较为系统的认知和分析框架；创制指掌握不同媒介文本的生产方法和传播方法，并根据自身需要选择合适的媒介和方法；参与指通过媒介扩展管理社会关系、参与社会事务，及时应对与个人所在组织和社群等有关的媒介事件；发展指通过媒介促进自身全面发展，推动社会进步，重点强调道德意识和社会责任感的培养。媒介素养教育应该遵循这些要求，按照知识、能力和伦理等层面依次展开。

大学生是一个具有相对完整知识体系、成熟价值观和世界观的群体，无论是在媒介的接触层面还是应用层面都有着极为丰富的经验。高校开展媒介素养教育，主要是在当前基础上，提升大学生对媒介的认知水平，使他们能够从宏观的角度理解信息传播和社会发展之间的相互作用。除此之外，还要使大学生认识到媒介并不能真实、完全地反映真实世界，它所反映的是变形的、片面的信息，因为这些信息需要经过人为加工和审核才能传播。

大众媒介与网络媒介有着显著区别，大众媒介的主要功能是监视环境、协调社会、传承文化、提供娱乐、实现社会化等，网络媒介的主要功能则是通过网络创造一个统一的、任何人都能融入的"地球村"，为现代人提供"第二经验世界"。通常情况下，媒介与政治活动有着不可忽视的密切联系。除此之外，媒介在舆论引导和舆论监督中也发挥着至关重要的作用。新媒介的出现使得民众舆论对政治进程和决策产生了一定的直接影响。随着时代的发展，媒介产业早已成为国民经济体系中的重要产业，具有特殊的经济属性，符合"二次售卖"的市场规律，它的发展受到众多经济集团的影响甚至是控制。随着媒介产业的不断发展，各种媒介产品纷纷问世，对传统产业结构产生强烈冲击，推动教育、金融等行业实现了跨越式发展。一些青少年在媒介的影响下形成了独属于自身群体的亚文化圈，并产生了崇拜偶像的现象，引发了社会的广泛关注。从某种意义上讲，媒介通过模拟真实世界构建的虚拟世界与真实世界极为相似，对人价值观的形成有重要影响，所以，在新媒介视域下，对学生进行思想道德教育尤为重要。

能否站在正确的立场、用科学的方法识读媒介文本，能否正确地分辨媒介信息的真伪和价值，能否精准地预见和评估传播效果，能否透过传播活动发现其真正意图和意义，是从微观层面衡量大学生媒介素养的基本标准。为了帮助大学生达到基本标准，高校需要从传播学、符号学等学科的基础理论着手，让学生了解传播形态、传播模式以及传播产生的社会影响等。对于那些以新闻为主要文本类型的媒介，需要充分理解其新闻文本的客观性、真实性，掌握相关的定义、类型、题材以及价值判断标准，同时通过各种案例认识到"新闻有立场"这一事实。此外，要让学生学会从批判的角度解读各类媒介文本，如广告文本、影视文本、博客文本等，熟悉把关人、议程设置、话语权、新闻框架、刻板形象等概念，掌握从多层次、多角度分析文本的方法。大学生作为信息的传播者，需要对受众的特点以及"使用与满足"等受众行为理论有足够的理解，知晓如何提高传播效力，更要对隐藏在文本背后的劝服技巧有一定的了解和掌握。大学生还要注意新媒介在传播方式上的新特点和新规律，例如，新兴社交媒体可以发起病毒式营销等。大学生也可以从生态系统的角度来理解各种媒介，即可以将媒介视作一种特殊的生态系统。如果媒介是一种生态系统，那么它的各种构成要素都是动态变化、充满生机和活力的、开放的有机体。媒介生态系统和其他个体或系统之间存在不可分割的互动关系，在较长的一段时间内保持着动态平衡。媒介在社会选择机制以及各层次竞争的作用下正在发生激烈或缓慢的进化和演变。

从生态学的角度来看，报刊、图书等印刷媒介属于第一代大众媒介。过去，它们在人类社会的变革过程中发挥了重要作用，但如今在新媒介的冲击下逐渐步入"寒冬"，只能重新摸索出路。电子媒介以其高密度的强大视听形象冲击人的感官。人们要想了解它，则需要分析它的传播特点、传播意义及其如何在娱乐过程中消费大众。从某种意义上讲，新媒介正在一步步改变未来，最直观的表现就是它使传统媒介的受众蜕变为新媒介文本内容的使用者和生产者，改变了传统媒介信息传播的形态以及"人—媒""人—人"的关系，不断推动着不同媒介的融合。大学生在学习媒介生态系统时，可以用生态学的框架将所有媒介辩证地融合在一起，掌握其基本理论和原则，客观地分析我国和其他国家在媒介生态环境上的不同，同时充分认识媒介组织竞争力的构成以及媒介在经营和管理过程中的运作方式，树立商业性和公益性、经济效益和社会效益平衡发展的理念。此外，大学生还要了解媒介产业相关政策的制定背景、最终目的以及新媒介经济理论。

如今，媒介已成为人们日常生活中不可或缺的重要工具，也是大学生学习、交友、娱乐、购物和实现社会认知、建立社会关系、参与社会活动的主要途径。因此，教导大学生正确地、高效地使用媒介，增强大学生的媒介实践能力，不仅仅是高校媒介素养教育的重要内容，也是当代大学生适应社会、实现自我发展的要求。大学生需要掌握的媒介能力主要有以下几方面：第一，正确获取、筛选有效信息，确保收集的信息的真实性、精确性、时效性。学生可以利用搜索引擎、知识挖掘等工具搜集所需信息或直接从数据库中检索和下载所需信息，然后根据信息来源和内容判断信息与自身需求的匹配度，保留有效信息，淘汰垃圾信息和冗余信息。第二，熟练掌握信息的分析、加工、整理技术，如掌握竞争情报的基本方法，提升对数据的分析、加工、整理能力。第三，学会利用媒介表达自己的观点，即大学生在学习不同媒介的文本规则和传播规律后，应能自行创作媒介文本，然后将其发布到媒介上用来表达自己的观点。用网络媒介查询信息，既方便又高效，但使用者的个人信息会被永久性保留，所以，大学生在应用新媒介时，需要保护自己的隐私。无论是对个人还是对组织来讲，互动性极强的新媒介都是一把双刃剑，虽然能扩大个人或组织的影响力，但如果应用不当都会反伤己身，所以，个体和组织需要正确应用新媒体。例如，准确把握公开演讲、接受采访、发表意见的时机，并熟练掌握相关技巧；制定完善的新闻发言人制度，合理运作各种形式的通气会、新闻发布会，并与媒体保持友好关系；制定应对突发事件的紧急预案，以确保在事件发生时及时作出反应，及时处理好公关关系。

新媒介虽然具有不容忽视的巨大价值，但也引发了一定的伦理问题，解决这些问题需要遵循的基本原则是要"进化"，不要"异化"。大学生作为新时代的主人翁，必须具有面向世界、面向未来的眼光，努力成长为全球化、媒介化社会中的新型公民。大学生还要正确认识在新媒介技术和规则的支持与制约下，人与人、人与社会之间的关系正在发生的变化以及这些变化会造成怎样的后果。最重要的一点是，以上述内容为基础，创建出与信息技术革命以及正在媒介化的社会生产力相适应的生产关系，这是大学生媒介素养教育的核心命题。新媒介中充斥的海量的冗余、失真信息不仅让人们无法精准把握客观世界，还会削弱人们的理性思考能力，侵害人们的文化信仰。此外，媒介商业化、低俗化带来的负面问题还会使个人在面对强势的媒介或者某种错误的大众舆论思潮时，无法做出客观理性的判断。

大学生作为未来社会的支柱人才、精英人才，应该是拥有自由个性、追求全面发展的人，所以，高校在开展媒介素养教育时，需要坚持以人为本，从科学发展的角度教导大学生善用媒介，正确处理自身和媒介之间的关系，同时主动承担社会责任、规范自身言行、参与公共事务、积极表达观点，成为公众之楷模，为社会发展贡献自己的力量。除此之外，高校媒介素养教育还需要坚守道德底线，既要继承传统的道德基本原则，还要与时俱进创建与媒介紧密相连的新道德标准，为大学生健康成长指明方向，为未来社会进步保驾护航。开展媒介素养教育不仅是高校的任务，更是全社会的共同任务，所以，大学生教育管理者既要借鉴各国媒介素养教育的政策和实践，做到取长补短，更要针对我国当前社会和大学生群体的实际情况树立正确教育理念和教育目标，打造个人、家庭、学校、社会共同发力的媒介素养教育体系，制订可操作的实施方案，落实教师队伍和课程资源，组织各类富有活力的、互为补充的教育实践活动。

第二节 新媒体时代下的大学生媒介素养

近年来，高校网络环境发生了巨大变化：一方面，传统的校园贴吧、校园论坛以及人人网等网络媒介平台已被微信、微博、抖音等功能更为强大、特点更加鲜明的新媒体传播媒介取代，网络信息的传播速度以及传播范围都有了显著提升和扩大。另一方面，随着互联网的大规模普及以及互联网技术的不断更新，任何一名大学生都能通过互联网轻松获取校园内外的各类信息，或者公开发布某些信息，传统媒体时代所推崇的"信息发布黄金时间"（24小时内）已经被大大缩短，而且许多发布在新媒体上的信息都能在短时间内形成聚集效应。在新媒体时代，网络信息主要以舆论导向为核心，人们对舆论导向的争夺就好像是在与时间赛跑，在舆论的引导下，原本默默无闻的一个新媒体账号可能瞬间变成主角，这对高校来讲是一个巨大的挑战。舆论事件发生后，每一名大学生既是舆论引导的对象，又是舆论扩散的源头，这为舆论事件的进展增加了许多不确定性因素。换言之，大学生能否客观、准确地判断网络信息的真伪，能否理性、负责地为当前存在于新媒体平台上的舆论发声，对网络舆论的走向有重要影响。从这一层面来看，高校处理网络舆情不能只依靠自身的管理应对机制，还要依靠广大的大学生群体。所以，提升大学生的媒介素养迫在眉睫。对大学生开展媒介素养教育，能有效避免大学生因不当发声导致舆论负面影响无限扩大的后果，从而扭转网络中错误的舆论导向。因此可以说，大学生媒介素养教育对新媒体时代的高校网络舆情应对工作起着极为重要的作用。

一、新媒体时代下大学生网络媒介使用习惯的主要特点

根据行为主义心理学理论，人的内在意识可以通过外在行为表现出来，这为媒介素养教育提供了一个可行的思路，即以网络媒介使用习惯为切入点开展实证调研，分析受调研群体的媒介素养状况。

（一）网络媒介的深度融入

如今，互联网早已深入人们的日常生活，人们可以通过网络媒介了解世界、搜索信息、娱乐消遣以及进行社会交际，因此许多人发现自己的生活已经离不开网络了。成长于互联网时代的当代大学生对此更是深有体会，可以说，网络早已成为当代大学生日常学习和生活的必需品。

网络媒介的深度融入，既改变了当代大学生的网络行为，也改变了他们的现实行为。而且，大学生在长时间使用网络的过程中，自身的思想观念和日常习惯也受到了较大影响。正因为网络媒介如此便捷、高效，所以大学生或多或少地在心理上产生了网络依赖。

（二）网络媒介使用的泛娱乐化

近年来，大学生群体在使用网络媒介的过程中有着明显的泛娱乐化倾向，因为越来越多的大学生使用网络最主要的目的就是娱乐消遣，而学习知识、拓展见闻、社会交际等都是次要的。因此，网络媒介的泛娱乐化趋向越发明显，各类网络媒介平台为了吸引大学生的关注，无论是形式还是内容都极力突出娱乐性特点，形成了泛娱乐化氛围。

大学生的网络行为会对他们的现实行为产生深刻影响，这种网络媒介使用的泛娱乐化也在很大程度上影响着大学生的现实生活。在校大学生作为朝气蓬勃的青年群体，有着强烈的文娱需求，他们希望能在学习之余开展丰富多彩的业余活动。但越来越多的在校大学生选择在网络上寻找快乐，这也导致高校校园出现了越来越多的"宅男""宅女"。该现象是当前大学生网络媒介使用泛娱乐化的具体表现。

（三）对网络媒介信息的适度求证

面对纷繁复杂的网络信息，大学生一般都会秉持"适度求证"的态度，即对于那些事关自己学习、生活、就业等的重要信息小心求证，对于那些以娱乐为目的的信息内容基本不予求证。事实上，"适度求证"并不是大学生群体独有的态度，而是全体网民的普遍态度。这也导致了一个比较严重的后果，那就是网络世界中信息的"先入为主"效应大大增强，即越早被网民接收到的信息越容易得到网民的信任。长此以往，很多网络媒体以及新媒体制作者就会将"时效至上"作为发布信息遵循的最重要原则，再加上受"眼球经济"思维模式的影响，他们很可能为了更快吸引受众的关注，用牺牲新闻的真实性、夸大事实、捏造情节等方式制造骇人听闻的消息，或者为内容搭配低俗的标题来达到增加点击量的目的。这也是近些年网络上谣言较多的原因。目前，大部分大学生在判断网络信息的真伪时，仍然以个人经验以及外部的直观信息为主，严谨性有待提高。

（四）网络社交的"再圈子化"

网络社交的"再圈子化"是当前大学生使用网络媒介的一个习惯性特点。第一，新媒体已经在当代大学生群体中高度普及，且成为他们最重要的网络社交工具；第二，在新媒体平台的选择方面，当代大学生更倾向于选择基于现实熟人关系的新媒体平台。在目前主流的新媒体平台中，微信、QQ 都是建立在现实熟人关系基础上的，微博在一定程度上也可以被视为建立在熟人关系之上，但贴吧、论坛、抖音等则是基于虚拟关系建立的。因此，当代大学生群体更习惯使用前几种新媒体平台，且其普及率远远超过后几种。

在当代大学生看来，新媒体可以带来更多基于现实熟人关系建立起来的虚拟关系网。这是一种社交行为的回归：在传统媒体时代，由于通信的局限，人们的社会交往范围比较有限，呈现出"圈子化"特征；在互联网出现后，通信局限被打破，人们通过网络可以结识来自世界各地的网民，以"虚拟游客"的身份在网上"冲浪"，进而实现社交行为的"去圈子化"；时至今日，新媒体的普及使人们能轻松地把现实世界和网络世界联系起来，通过网络世界丰富现实生活，在此情形下，人们自然乐意把现实中的社交联系延伸到网络当中，这就是网络社交的"再圈子化"。网络社交的"再圈子化"为当代大学生的社会交往提供了便捷通道，在一定程度上打破了时空限制。但随着大学生对新媒体使用范围的扩大以及网络即时通信软件的普及，大学生的社会交往行为正在迅速趋向虚拟化。这就导致一部分大学生只愿意在网络上与他人交流，现实社交能力处于较低水平。

二、影响大学生媒介素养的因素分析

从上文可以看出，新媒体时代的大学生在媒介素养方面的确存在进一步提升的空间。下面主要分析影响大学生媒介素养的因素：网络生态环境因素、高校文化环境因素、大学生个人因素。

（一）网络生态环境因素

互联网的前身是美国国防部高级研究计划局于 20 世纪 60 年代构建的"阿帕网"（Arpanet），其最早连接的是加利福尼亚大学洛杉矶分校、圣芭芭拉分校，斯坦福大学以及犹他州立大学。因此可以说，高校是这场互联网革命的始发地，也是推动互联网发展的前沿阵地。此后，互联网技术逐步成熟并转向民用，尤其是 20 世纪 90 年代以来，计算机通信技术和互联网技术取得突飞猛进的发展，由比特组成的信息世界和符号化空间开启了一个全新的数字化生存时代。网络媒介的普及，尤其是新媒体的诞生，极大地缩短了信息流转的周期，世界迅速进入一个电子和数字传播的时代：信息内容永远处在动态的发展过程中，其传播突破了空间和时间的限制，其交流范围之广、传播速度之快是从前难以想象的。这场变革深刻地影响着人们的思想和行为，对思想活跃、富有朝气、易于接受新事物的大学生群体的影响更大。此外，不断变化的网络环境在一定程度上改变了大学生的交往方式、思维方式和话语体系。

1. 交往方式趋向虚拟化

对当代大学生而言，新媒体与他们的成长紧密相连。2005 年，新浪博客、QQ 空间等博客类网页开始在互联网上流行；同年，"校内网"（2009 年更名为"人人网"）也成立，并备受青年网民群体的青睐；2009 年，新浪微博异军突起；近年来，微信朋友圈、抖音等各种新媒体平台广泛普及，并逐渐成为青年学生最重要的社交平台。当代大学生群体正是在这段时期成长起来的，他们基本掌握了通过网络媒介进行人际交往和表达观点的技能，换言之，新媒体早已是他们日常生活中必不可少的媒介工具。新媒体平台信息量庞大、趣味性高，同时实现了校内与校外、国内与国外、虚拟社会和现实社会的连接，极大地满足了当代大学生的社交心理需求。随着移动互联网的发展，新媒体的使用方式越来越便捷，促使其在高校的普及率得到进一步提高。这些都从一定程度上改变了当代大学生的交往方式，并朝着虚拟化发展。

交往方式虚拟化是当代大学生过度依赖网络的一个明显表现。人作为社会中的一分子需要进行社会交往，以便实现思想交流、情绪宣泄等目的。对当代大学生而言，这种社会交往需要更为突出，因为高校本就是各种思想碰撞与交流的场所，大学生可以在各种话题讨论中表达自己的观点。新媒体的出现更是打破了思想交流的时间和空间限制。更重要的一点是，使用网络媒介发表观点虽然也要面对一定的群体舆论压力，但与传统媒介相比可谓小很多。因此，学生更乐于在虚拟网络中借助各类新媒体平台表达自己的真实想法。近年来，随着大学生交往方式虚拟化倾向越发明显，个别学生在网络上展现出来的性格、习惯与现实中可谓大相径庭，具体表现为：一些在网络上十分积极、侃侃而谈的活跃分子在现实中却内向羞涩、不善言辞；个别在现实中彬彬有礼、尊敬师长的大学生，在网络上却表现得十分蛮横、不讲理。

2.思维方式呈现碎片化

当代大学生基本掌握了通过网络媒介进行人际交往、表达自我观点的技能。他们使用的终端设备有电脑（台式电脑、笔记本电脑、平板电脑等）、智能手机、智能手表等；他们常用的应用平台以即时通信工具和新媒体平台为主，还有部分视频类应用、新闻类应用，这些应用平台都是他们发表和交流观点的重要渠道。这种全媒体化、全平台化的沟通交流方式，使得当代大学生几乎处于一个被网络世界完全包围、渗透的时代，无论是课堂学习、日常生活、课余娱乐、学生活动，还是深造、求职、创业等都离不开网络。大学生利用网络展现自我、提升自我，网络也在用相应的方式影响他们的思维方式。其中，最典型的就是快餐式网络文化流行下的思维方式碎片化。

网络使用者思维方式碎片化的直接后果是注意力的碎片化，这也是导致大学生辨析网络信息能力有限的一个重要原因。快餐式网络文化的长期流行使得一部分学生根本没有阅读长篇信息的兴趣，而且他们往往会以功利主义的心态看待所有的网络信息。以搜索引擎为例，百度等搜索引擎的出现为人们获取知识提供了极为便捷的渠道，也使得人们不再需要花费大量的时间和精力去翻阅各类文献典籍就能满足自己的求知欲望。长此以往，人们会形成一种遇到问题就上网搜索的习惯，大学生群体更是如此，这也导致他们不再需要持续集中注意力去关注某一个具体问题，深入钻研问题的机会大大减少。注意力的碎片化使得大学生更推崇短、平、快的知识获取方式，在面对纷繁复杂的网络信息时，更多人倾向于根据互联网上的只言片语来判断信息的真伪，"求知而不求真"的简单认同现象变得越来越普遍。在新媒体时代，一些大学生为了获得更多人的认同，在将信息分享到新媒体上时过度追求时效性，甚至为了追赶热点，不惜跳过求证的环节，导致只经过简单认同的网络信息广泛传播。能否判断网络信息的真实性，是评价大学生媒介素养的重要维度，但根据实际情况来看，身处快餐式网络文化环境中的大学生的思维方式也呈现碎片化趋向，崇尚简单认同的信息处理方式，这是一个亟待解决的问题。

3. 话语体系日益网络化

大学生群体具有强烈的表现欲以及表现个性的实际需求，这一点无可厚非。新媒体之所以会成为当代大学生最常用的网络媒介，是因为它能充当他们个性表达的平台。网络语言能在大学生群体中流行，也有着深刻的文化和心理因素。尽管某些网络话语有些无厘头，但它与当代大学生的心理和精神特质存在某种微妙的关联，从某种意义上讲，它是一种反抗主流文化的词汇，是大学生在面对人生、社会等诸多重大问题时产生的一种自我保护形态，也是为了发泄紧张和忧虑的情绪。网络语言的日新月异也催生了网络话语体系的形成。但不同于传统媒体时代以及互联网发展早期，新媒体将"创造话语"的权利赋予所有网民。这种"赋权"从根源上改变了传统自上而下的话语体系形成方式。换言之，新媒体时代的网络话语体系无论是诞生、传播还是流行，都是网民的自发行为，网民对个性表达的强烈需求推动了网络话语体系的形成，大学生作为互联网中最活跃的群体也在其中发挥着极为重要的作用。例如，"给力"一词，最早出自大学生对日漫的配音，但在网络的传播下很快便火爆起来。新媒体的诞生不仅推动了网络话语权的下移，也促使大学生的现实话语体系在网络话语体系的影响下日趋网络化。

话语体系网络化本身并不会对大学生的媒介素养造成直接的负面影响，但能在一定程度上歪曲甚至解构大学生对语言规范的认知。不可否认，自从网络兴起，网络语言暴力便时有发生，尤其是在互联网发展早期，人们在所谓"虚拟身份"的庇护下，在网络上发表言语的尺度常超出规范，甚至一些在现实生活中被认定为粗俗的话语，却在网络世界被认定为"幽默"或者"玩笑"。随着近年来网络话语体系逐渐从虚拟走向现实，许多网络流行语也逐渐成为现实流行语，对人们日常生活中的话语习惯产生严重影响，具体表现为在一定程度上造成了语言失范的恶性循环，原本在现实中属于粗俗的话语经过网络世界的"漂白"变成现实中的日常用语，这是多么的荒谬，这种情况在乐于拥抱新鲜事物的大学生群体中表现得更为严重。在新媒体时代，想要在网络上形成理性表达舆论场是一件非常困难的事情，且难度正变得越来越大，尤其是当前人们并没有制定统一的评判网络话语的道德标准，再加上无数行为个体对网络词汇存在价值认知偏差，个体在网络上出现争执的情况越发普遍。

这也是近年来网络语言暴力问题屡禁不止的客观原因之一，也是导致部分大学生媒介素养较低的一个重要因素。

（二）高校文化环境因素

除互联网发展带来的一系列变化外，日益开放包容的高校环境以及仍处于有待完善阶段的高校媒介素养教育也是影响大学生媒介素养水平的重要因素。

1. 日益开放包容的高校环境

日益开放包容的高校环境，导致大学生在使用网络媒介的过程中需要面对更多的诱惑和挑战，因此更应该提升他们的媒介素养水平。随着网络技术的发展，信息流通速度加快，高校在对外交流方面也更加深入，再加上近些年大学校园越来越开放，成为碰撞、切磋、借鉴各种学术思想的平台。在这种背景下，多种价值观在高校中共存并发展的情况自然较普遍，其中各种非主流价值观对那些仍处于个人价值观形成阶段的、好奇心极强的大学生来讲极具吸引力，因为它们既不同于主流意识形态，也不同于老师所言，甚至不同于教材所讲的观点，属于一种全新的、未知的价值理念。如果非主流价值观在国内高校占据一定市场，就容易导致部分大学生因为缺乏足够的甄别能力和思想定力，对主流价值观产生怀疑和动摇，更有甚者会被别有用心之人利用，误入歧途。但这里需要注意的是，日益开放包容的高校环境是需要重视和应对的"挑战"，而非必须破除和解决的"弊端"。换言之，虽然这一点是引发部分大学生媒介素养水平不高的外部环境原因，但不意味着高校开放包容的发展方向是错误的。事实上，高校承担着人才培养、科学研究、社会服务、文化传承的任务，理应展示出海纳百川的胸襟，也理应为在校师生营造兼容并蓄的校园氛围。但不可否认的是，开放的高校环境使得在校生更容易受到不同思潮、不同价值观的影响，其中自然会存在一些与我国主流价值观、主流意识形态、社会主义核心价值观不同的理念。因此，日益开放包容的高校环境对高校的媒介素养教育提出了更高的要求。

2.高校在媒介素养教育过程中处于相对被动的局面

所谓"媒介素养教育"，概括来讲就是采用教育引导的方式对各种媒介作用于人所产生的多方面影响进行分析、讨论。媒介素养教育最早被提出于 20 世纪 30 年代的英国。到了 20 世纪 50 年代，随着电视的普及，媒介素养教育逐渐成为欧洲、北美洲和大洋洲以及拉丁美洲、亚洲部分地区的一门新兴科目。自 20 世纪 80 年代以来，随着联合国教科文组织和各国政府的介入，媒介素养教育作为独立的课程被纳入许多国家的学校课程教育体系。20 世纪 90 年代后，媒介素养教育又有了新的发展，侧重于培养青少年鉴别、接受与处理信息的能力。目前，在英国、法国、加拿大、澳大利亚和几个北欧国家，媒介素养教育已被纳入全国或部分地区中小学的正规课程体系，并出现了关于教学模式的研讨，也出版了相关教材，有些国家甚至建立了较为完善、系统的教育体系。对相同的概念，不同国家、地区有不同的称谓。英国把"媒介素养教育"称为"media education"，美国和加拿大等国家称之为"media literacy education"。但无论是哪种提法，媒介素养教育的目标是基本一致的，即运用一定的教育思想和方法，使人们正确地认知媒介、合理地使用媒介、深入地挖掘媒介，从而提高有效应用媒介的能力，并通过实践感知和理解媒介所体现的信息及其价值，从而树立有意义的媒介价值观。从总体上看，我国在媒介素养教育研究领域和实践领域的起步均比较晚。国内对媒介素养教育的研究起步于 20 世纪 90 年代中期，此后越来越多的学者开始关注这一领域，相继成立了专门的研究机构，并开通了专门的网站。近年来，国内一些高校开设了媒介素养公选课，还有少部分高校通过讲座、社团活动等方式普及媒介素养知识，但从总体上看，这项工作的普及程度和受重视程度仍有待提高。

当前我国高校媒介素养教育的重心依然在事后应对环节上，缺乏主动性，这也导致高校处于相对被动的局面，大学生媒介素养的提升效果也比较有限。近年来，随着网络在高校中的全面普及，网络舆论事件时有发生，为此，我国大多数高校建立了较为成熟的网络舆论事件应对机制，针对校园突发网络舆论事件，能及时做出舆论搜集、事件研判、舆情报送、事实核查、公关通报以及后续舆论引导等一系列应急处理，事后开展媒介素养教育也被看作避免校园网络舆论事件负面影响扩大的一项有效手段。然而，事后教育的覆盖面往往较小，持续效果较短，高校如果只是在舆论事件发生后才对学生进行引导教育的话，难以从根本上实现大学生媒介素养水平的全面提升。事实上，在新媒体时代，舆论扩散的速度大幅度提高，学生既可能是负面舆论的扩散者，也可能是正面信息的提供者，媒介素养较高的大学生会主动利用新媒体工具抵制网络谣言及其他不当言论，这种自觉发声比单纯的舆论管控更容易在大学生群体中引起共鸣。从这一层面讲，在日常教学过程中做好媒介素养教育，对高校应对网络舆论事件具有重要意义。

3.高校媒介素养教育水平有待提高

近年来，越来越多的高校开始开展媒介素养教育，但在实施过程中存在一定问题，主要表现在以下三方面。

首先，师资队伍配备、课程体系设置与学生现实需求之间存在较大差距。在网络媒介接触目的和操作技能方面，大学生无论是对传统媒介还是对新媒介，都有着较强的操作能力，但一些教师并没有深入研究和理解网络媒介，在主动接受和使用新媒体方面与学生有一定差距。邢瑶认为，这一领域缺乏专业师资的原因主要有以下两个：一是高校新闻学、传播学的师资力量本来就比较薄弱，人才紧缺；二是高校对媒介素养缺少足够重视，时至近年才开始加大关注。① 这些都使得高校教师难以对

① 邢瑶.大学生网络媒介素养教育的现状、问题与对策 [J].传媒，2017（6）：83-85.

大学生在网络媒介使用过程中出现的问题进行准确和科学的指导。此外，从一部分开设了媒介素养相关课程的高校来看，部分课程虽然涉及媒介素养的专题内容，能在一定程度上普及媒介相关知识，但仍不能有效引导大学生合理利用媒介资源、参与媒介产品制作，这对提升大学生的媒介素养有一定影响。

其次，教学内容缺乏相关专业知识及法律法规的教授。这导致大学生对媒介道德规范认识不清，对国家有关图书、期刊、报纸、数字产品的出版，以及广播、电视、网络等传媒领域的管理没有基本的了解，对利用网络媒介进行信息传播、信息交换及信息知识产权归属等问题认识不充分。而且当前的教育体系中并没有开展足够的关于法律知识的宣传和普及工作，学生的知识水平并未达到要求。

再次，网络媒介参与互动教学资源相对有限。大学生更善于利用网络媒介处理信息资源、制作信息产品，而对利用网络媒介处理学术问题、增强专业能力较为生疏。而教师受到自身知识水平和客观物质条件的限制，往往忽视了媒介对价值取向的影响，导致大学生对网络媒介的本质和架构缺少明确的认识。当前大学生的媒介素养多是自发培养的，这和经过系统教育培养出来的稳定的、健全的素养显然存在一定差距。

（三）大学生个人因素

除了网络、高校这两个外部环境因素，新媒体时代大学生的媒介素养水平也与他们正处于个性凸显阶段以及成长于国内互联网逐步普及的时代有一定的关系。

1.处于个性凸显阶段

当代大学生多为独生子女，从小到大一直是家庭中受关注和照顾较多的，大部分人上大学才正式开始独立生活，这也导致他们在个性凸显阶段会从心理上想要摆脱父母的庇护，而渴望与同龄人、社会有更多的交流。在面临学习、就业等各方面压力的时候，他们需要一个交流和展现自我的平台，新媒体就成了众多大学生的首选。如今，新媒体平台种类繁多，大学生可以根据自身需求自由选择，更容易找到志同道合的朋友。这些朋友可以是身边的同学，也可以是五湖四海的陌生人。在网络这个虚拟的公共空间中，他们相互分享学习和成长中的喜怒哀乐，共同探讨对世界及人生的看法，交流对国内外重大事件的意见。在这个过程中，他们既增长了见识，也收获了友谊，并且由于大家的年龄、经验、学习经历和知识层次等具有高度同质性，无形中形成了一个个相对固定和封闭的特定群体，也就是一个个新媒体的"圈子"。在互联网"再圈子化"的发展趋势下，大学生对这种新媒体圈子的依赖越来越大，长此以往便可能出现过度依赖网络媒介的情况。

对此，高校需要清楚处于个性凸显阶段的大学生是一个特殊的社会群体。一方面，他们年轻，有思想、有活力，敢作敢为，对校园内和社会上的一切事物都充满好奇，借助新媒体平台，他们有意愿也有能力针对各种现象发表自己的看法与观点。近年来的《中国互联网络发展状况统计报告》一再显示，以大学生为主的年轻人是目前网络中较活跃的群体之一。另一方面，大学生群体普遍缺乏社会经验，对网络中纷繁复杂的信息缺少鉴别与判断能力，很容易被误导，无意间就有沦为网络暴力的"帮凶"的可能。因此，对当前大学生开展媒介素养教育迫在眉睫。

2. 成长于国内互联网逐步普及的时代

现阶段的大学生（包括本科生和研究生），基本出生于1995—2005年，他们成长在我国互联网元年之后，所以很多大学生早在年幼时就已接触到电脑和互联网，甚至可以说，这一代大学生是伴随着我国互联网事业发展成长起来的。在我国互联网发展的初期，国家对网络监管的力度远不及今天，这就导致当时的网络使用者很容易接触一些不当的网络言行。换言之，如今的大学生，有很多人在自己心智未成熟的年纪就已经与网络的不良一面有过接触，再加上当时国内中小学阶段缺少系统化的媒介素养教育，家长在这方面的教育意识也较为淡薄，导致他们在使用网络媒介时基本处于一种自由的状态，即使有严格的使用时间限制，但缺乏在内容方面的引导和干预。在这种情况下，部分大学生会对网络上的不当言行产生"见怪不怪"或者"无所谓"的麻木想法，甚至主观地认为自己的媒介素养水平远超身边其他人。

此外，过早接触网络还有可能使人形成网络媒介使用的"路径依赖"，忽视对网络新趋势、新变化的关注。这一点在当代大学生对网络行为相关法律法规的认识方面有突出表现。当代大学生是伴随互联网一起成长的，他们认为自己是"年轻的老网民"，因此容易出现由自我认知偏差导致过度自信的情况，忽视网络相关法律法规中的新规定、新要求。例如，国家近些年推行的知识产权保护工作，使得许多歌曲不能免费下载了，很多新上映的电影不能通过网络免费观看了，一批资源网站也被勒令整改甚至关闭。但这些"年轻的老网民"早已习惯在网络上免费下载歌曲和电影，很多人对此感到难以接受，依然会通过各种渠道去下载或上传受知识产权保护的作品，更有甚者可能已经触犯相关法律却浑然不知。这也就解释了为什么部分成长于我国互联网大发展时期的当代大学生在拥有较高的信息技术水平时，仍然会出现媒介素养难以跟上网络发展需要的"错位"。

三、新媒体时代大学生媒介素养提升的价值意蕴

媒介素养的概念最早源于众多学者对公众媒介教育这一问题的具体认识。在 20 世纪 30 年代，商业资本对英国公众传媒领域的控制越来越强大，一些学者开始怀疑资本在用金钱控制文化，控制大众传媒，这种行为不仅是对传统高雅文化的破坏，也是低俗文化不断蔓延的催化剂。为此，以弗兰克·雷蒙德·利维斯（Frank Raymond Leavis）和丹尼斯·汤普森（Denys Thompson）为代表的英国学者倡导媒介教育以抵抗大众媒介的流行文化，倡导通过媒介教育来同媒体"作战"，鼓励学生"认清

并抵制"大众传媒的影响。[①] 由此可见，媒介素养这一概念是由对现实批判的需求产生的，与媒介素养教育是同期形成的概念。也正是在这一时期，许多国家开始关注媒介素养领域以及媒介素养教育，并展开了深入研究和探索。

不同的媒介环境会形成不同的媒介素养语境，而人们最关心的媒介素养问题是在当下最为普及的媒介环境中表现出的问题。随着时代的发展，媒介技术也在不断发展，媒介形式也从早期的报纸、广播、电视、电影发展到如今的互联网、新媒体，主流媒介环境也在不断发生变化，这使得人们对媒介素养问题的认知也在发生改变。早期社会以传统媒介为主，公众在媒介环境中的身份主要是"读者""听者""观者"，所以，研究者对媒介素养的研究以及对媒介素养教育的实践主要围绕媒介认知和媒介识读展开。如今，进入新媒体时代，媒介传播信息的方式不再是单向的或自上而下的，而是四面八方的，公众的媒介素养水平不仅会影响自己对媒介信息的获取、分析，还会影响同一媒介环境中的所有个体。在新媒体网络语境中，媒介素养早已不再是一个影响局部的隐性问题，而是需要引起全社会关注的显性问题。因此，在新媒体已成为人们重要媒介工具的今天，大学生教育管理者有必要对大学生这一活跃群体的媒介素养问题有更为清晰的认识，尤其是要充分认识提升大学生媒介素养对当今中国的重要意义。

首先，提升大学生媒介素养水平是构建我国风清气正的网络空间的必要举措。新媒体时代是一个"人人手握麦克风"的时代，大学生在网络上的一言一行都会被无限放大，不仅可能影响到他人，还可能对整个网络文化环境产生重要影响。因此，网络空间建设及维护不能只依靠网络媒体、新媒体平台以及相关监管部门，还需要每一位网民，尤其是大学生群体的共同努力，这就要求大学生自觉提高个人媒介素养，形成积

① 张开. 媒介素养概论 [M]. 北京：中国传媒大学出版社，2006：198.

极向上的合力，为构建风清气正的网络空间贡献力量。

其次，提升大学生媒介素养水平是我国互联网发展的重要保障。大学生是当前我国最庞大、最活跃的网络使用群体，其媒介素养水平不仅能在很大程度上反映我国的互联网发展水平，还能在一定程度上影响互联网的发展进程。在新媒体时代，媒介素养被赋予了更加丰富的内涵，尤其是在公民网络行为法律法规日益完善的情况下，能否自觉遵守相关法律法规也被认为是网民媒介素养水平的一项具体标准。此外，大多数的互联网公司想要成长，需要规范的拟态环境作保障，但是，这也会增加网络失信、知识产权侵犯等一系列问题发生的可能性，大大提高公司在技术开发以及产品研究上的成本。类似的例子有很多，所以可以说大学生媒介素养水平的普遍提高能为互联网发展提供稳定环境，有利于推动我国互联网事业健康发展。

再次，提升大学生媒介素养水平是提高我国公众道德修养水平的时代要求。近年来，随着使用新媒体的人越来越多，人们不时会看到类似的消息：某大学生现实中文质彬彬、温文尔雅，但在网络上却出言不逊，甚至做出违背道德及法律的行为。事实上，在新媒体越发普及的今天，网络已经不再是个别群体释放自我的场所，而是一个容纳所有人的公共空间，所以，大学生不仅要对自己在网络上的言论负责，还要对他人负责。而且网络言行也属于个人言行的组成部分，能反映个体真实的道德水平、文化水平。从这一角度分析，媒介素养也能从侧面反映出个体的道德修养水平。因此，提升大学生媒介素养水平，有利于提高我国公众的道德修养水平，这是社会交往技术进步的结果，也是时代发展的具体要求。

第三节　提升大学生媒介素养水平的对策与建议

通过上述分析可以发现，在新媒体时代，我国大学生的媒介素养水平急需通过有效的媒介素养教育来提高，其中，高校引导是大学生媒介素养教育的重要环节，同时存在较大的提升空间。因此，本节将在前文分析梳理的基础上，立足高校，从常态化、实效性、专业化、具象化这四个方面，对新媒体时代下大学生媒介素养水平的提高提出对策与建议。

一、明确职责，推进媒介素养教育常态化

现阶段，高校在媒介素养教育过程中处于相对被动的局面，这也是导致当代大学生媒介素养水平有待提升的原因之一。对此，高校应该更加重视且积极开展媒介素养教育。作为大学生人才培养的主体，高校在提升大学生媒介素养方面可谓责无旁贷。高校开展媒介素养教育，需要明确自身的重要主体地位，进一步提升对该项工作的重视程度，实现媒介素养教育工作的常态化。而要推进媒介素养教育常态化，则需要高校充分认识到媒介素养教育对人才培养的重要性。具体来讲，高校应该高度关注媒介素养教育在大学生思想政治教育、综合素质培养和合法权益保障工作中的积极作用。

（一）通过思想政治教育提升大学生的媒介素养水平

对于新媒体时代的大学生而言，网络世界对其思想和行为的影响更为明显。一方面，是否拥有正确的世界观、人生观和价值观是衡量一名大学生能否成长为一名合格人才的首要标准。在大学这个价值观形成的重要时期，大学生接收的信息和观点对他们价值观的形成有着巨大的影

响。而当代大学生大多通过互联网搜索信息、了解资讯，互联网早已成为他们认识外部世界的主要渠道，这就要求大学生正确认识互联网中存在的不同价值理念。另一方面，各种新媒体很可能成为国际恶势力利用的工具，这就要求高校教育管理者高度重视网络意识形态。为了更好地应对这一现实威胁，有必要不断增强大学生群体对网络媒介信息的评价分析能力。在这个过程中，高校的作用至关重要，高校需要更加重视并加强对大学生的思想政治教育，努力提升大学生的媒介素养水平，使他们能够以主人翁的姿态迎接新媒体时代下各类网络文化的挑战。面对日新月异的网络环境，高校应该广泛开展媒介素养教育，正确引导大学生，使他们能在数量庞大的网络信息中正确地分辨和甄别信息，避免"三观"出现偏差。

（二）通过媒介素养教育提高大学生的综合素质

在新媒体时代，高校应当将媒介素养教育作为提升大学生综合素质的一项重要措施。

一方面，我国处于社会主义初级阶段的基本国情以及中国特色社会主义道路决定我国在提升经济发展水平、完善政治体制的同时，不能忽视文化建设。大学生不仅要有扎实的专业知识，还要具备足以适应社会发展的综合素质。媒介素养正是当代大学生综合素质的重要组成部分之一，互联网的迅速发展对大学生的媒介素养提出了更高的要求。现阶段的大学生是成长在我国互联网元年之后的一代人，网络早已深入他们日常学习和生活的方方面面。在新媒体时代，能否在纷繁复杂的信息中迅速找到自己所需的内容，是决定大学生未来发展水平高低的一个关键因素，也会影响他们的日后求职。因此，高校应注重培养大学生处理海量碎片化信息与数据的能力，努力提升大学生的媒介素养。

另一方面，媒介素养水平的提升具有较强的正面效应。在开展媒介素养教育的同时，高校还应清晰地认识到媒介素养是人才培养过程中一个重要的切入点，其意义并不限于网络媒介使用本身，对大学生的社会责任感、认知能力、独立思考能力等都有影响。因此，在新媒体时代，大学生媒介素养水平的提升能在较大程度上对他们个人综合素质的提高起到正面作用，从这一角度看，媒介素养教育理应成为当前高校人才培养的一项重要内容。

（三）通过媒介素养教育保障大学生合法权益

媒介素养教育是高校保护大学生合法权益免受侵害的必然要求。在新媒体时代，媒介侵权行为时有发生，其中最常见的是个人名誉权、隐私权、财产权等受到侵犯。在新媒体的拟态环境中，人们通过网络这种载体，以公开的言论与意见表达作为视觉的延伸对事件进行围观，有可能对当事人的生活造成严重影响，加上当前我国关于媒介侵权行为的法律法规仍有待完善，而且媒介侵权的表现形式千变万化，所以人们必须提高自我保护能力以及应急处理能力。通常情况下，大学生群体由于社会阅历浅是媒介侵权的"高危人群"。所以，大学生群体要特别注意在保护自己合法权益的同时，思考自身行为是否可能对他人造成危害。"人肉搜索""网络恶搞""偷窥隐私"等大学生经常遇到的侵权行为，一般都与网络低俗文化泛滥、娱乐化倾向严重等有关，这些错误行为严重妨碍了大学生的健康成长。因此，高校通过媒介素养教育引导大学生积极抵制这些不良现象和行为，是提升大学生道德修养水平和保护其合法权益的有效途径。

由此可见，从提升大学生思想政治水平、增强大学生综合素质以及保障大学生合法权益这三方面来看，高校对大学生媒介素养教育负有重要责任。为此，高校应当明确自身在这项工作中的重要主体地位，结合学校实际，出台一些有针对性的、与学生媒介素养有关的政策文件，制定相应的实施、监督、考核制度，明确学校各职能部门在媒介素养教育中的职责，同时成立专家顾问小组，科学开展教育引导工作，建立积极引导、前期预防的长效机制，将媒介素养水平提升融入高校人才培养的全过程，提高高校在媒介素养教育过程中的主动性，不断推动高校媒介素养教育的常态化发展。

二、转变思维，增强媒介素养教育的实效性

新媒体的普及使网络信息的传播速度有了显著提升，网络媒介使用者比传统媒介使用者更注重信息的时效性。随着网络技术的迭代周期不断缩短，网络媒介使用者的实际需求和偏好也在不断发生变化。因此，在大学生媒介素养教育过程中，高校需要树立更强的时效观念，重点关注互联网领域的新发展、新变化，把握大学生群体的新习惯、新动向，及时转变传统工作思维，紧跟时代，通过定期调研和校际交流等方式牢牢把握大学生的发展趋势，做到教育内容、引导方式、实施载体等方面的与时俱进。

（一）融入以用户需求为导向的互联网思维

新媒体的发展带来了网络传播方式和社会交往方式的变革，这种变革也使网民在互联网发展过程中的地位逐步提高。互联网企业如果不能吸引并获得网民的认可，其产品和服务将会在日趋激烈的竞争中逐步被淘汰。纵观国内近年来取得成功的新媒体案例，无一不是顺应了网络发展潮流，主动迎合了网民的偏好，找准了网民的"痛点"，最终成功占据市场。例如，"今日头条"应用程序的流行就是一个典型的成功案例。"今日头条"是在新媒体时代兴起的一个新闻类应用，它不同于以往的门户网站、论坛、搜索引擎或者其他新闻类应用，它是基于推荐引擎技术，根据每个使用者的浏览记录和定位等信息得出使用者的兴趣和关注点，并为使用者推荐个性化内容的应用。"今日头条"的出现，将以往"网民搜索"的模式变革为"信息推荐"的模式，也将"人找信息"变为了"信息找人"，大大提升了网民浏览新闻和获取信息的效率，更重要的是，

其推荐的内容基本契合使用者的兴趣和需求，上市后很快就获得了市场和网民的一致认可，迅速成为国内较具影响力的新闻类应用之一。

通过上述案例可以发现，随着互联网的发展，传统意义上作为受众的普通网民在整个传播链中的地位和作用已然发生改变。这种改变致使互联网公司和新媒体平台不得不更加重视网民的偏好，并以此作为产品开发和服务优化的重要依据。可以说，新媒体时代下普通网民已经不再是单纯的受众，而变成了真正意义上的用户。"受众"作为一个从传统媒体时代沿用至今的概念，其所表达的核心意义是网民群体"接受信息"这样一个共性行为；"用户"则是一个更具有互联网思维、顺应新媒体时代发展趋势的概念，强调网民对互联网产品或者服务的明确偏好和理性判断，突出网民的主观能动性。网民身份地位的转变反过来影响互联网企业的发展战略，使得互联网领域逐渐形成一种以用户需求为导向的思维，即将用户需求作为产品开发的根本依据。从某种意义上讲，这种情况的出现是互联网发展带来的话语权扁平化的结果，也是当今互联网企业保持市场竞争力的必备能力，而且它对高校开展媒介素养教育有重要的借鉴意义。大学生媒介素养教育是一种双向互动的教育，所以高校需要改变传统"俯视教育"的思维方式，在教育过程中更加积极地关注学生的反馈和建议，甚至可以引入"用户活跃度""用户黏性""用户体验"等作为评估工作开展情况的重要指标，并根据指标所示进行及时的调整和改进。要做到这一点，落实常态化的校内调研是必须的。

（二）实现相关问题校内调研的常态化

大学生媒介素养教育能否得到大学生的认可，关键在于教育者能否用大学生喜闻乐见的方式开展合理化的教育引导。因此，在媒介素养教育过程中，无论是教育形式还是教育内容，都应尽可能地贴近大学生的实际需要，以便获得学生的认可，增强他们对媒介素养教育的兴趣。

新媒体时代的大学生拥有独特的"青年亚文化"体系，使用的语言符号相对独立，喜欢用生活化、个性化、形象化的语言表达自己的观点，而且他们乐于分享，交流信息也大多采取建立在关系和兴趣基础上的"圈子化"模式。所以，微信朋友圈、微博、QQ 空间等毫无疑问地成为符合大学生需求的媒体平台。在新媒体时代，高校应该针对大学生的网络媒介使用习惯、媒介素养情况开展常态化调研，在充分了解本校学生特点的基础上开展媒介素养教育，并尽可能地满足学生的需求。高校一直以来都是社会的"文化高地"，更应该主动改变传统媒介思维，顺应时代发展趋势，满足学生需求，多渠道打造学校的"传声筒""意见箱""无形的课堂"。

这里需要补充一点，在校内开展常态化调研时，应尽可能地贴近大学生的需求，同时坚持明确的原则和底线，不能为了吸引学生而放弃媒介素养教育的根本目标和核心内容，更不能使媒介素养教育内容庸俗化。近年来，随着网络话语体系的兴起，"微信体""表情包"在网络上"走红"，一些新媒体公众号、网文撰稿人为了提高点击量，在发布形式上大做文章，或采用博取眼球的标题，或通篇使用大量低俗的图片，更有甚者，将一些严肃话题娱乐化、庸俗化，在网络上造成了严重的不良影响。这些都是高校媒介素养教育需要避免的错误倾向。切忌为了吸引大学生关注而失去教育引导的初衷，否则可能会导致媒介素养教育在大学生群体中失去权威性，对大学生媒介素养水平的提升产生负面效果。

（三）围绕媒介素养的提升开展学习交流

媒介素养教育作为当前大学生思想政治教育的一项重要内容，需要紧跟时代发展步伐，不断增强学生对媒介信息的解读能力。在新媒体时代，大学生在网络行为、偏好方面的差异已经基本消除，不同地域、不同层级高校面临的问题趋于同质化。在此背景下，各高校在开展媒介素养教育过程中面临的问题也基本类似，所以在某校、某地区行之有效的工作模式可以被广泛地应用或借鉴。因此，高校间进行交流合作是极为必要的。

高校可以定期开展媒介素养教育专题研讨会，相互交流工作经验，若在日常开展过程中发现大学生媒介素养方面的新问题、新动向，更要进行深入交流和研判，同时分享校内调研的成果和创新举措，对部分高校的成功经验和成熟做法加以推广。现阶段，各高校在媒介素养教育领域基本处于起步或探索阶段，因此，定期进行校际交流具有积极的现实意义，不仅可以拓宽工作思路，丰富工作方法，也可以博采众长，避免走弯路，真正实现高校媒介素养教育的实效性。

三、加强体系建设，提升媒介素养教育的专业化

高校媒介素养教育水平偏低，最显著的表现就是高校媒介素养教育的专业化水平较低。无论是在专业体系构建、专业人才培养方面，还是在教学体系完善、师资队伍配备、教学方式创新方面，都存在不同程度的起步较晚或者发展滞后的问题。事实上，大学生媒介素养状况的共通性要远高于差异性，从这一角度看，推动媒介素养教育的专业化，具有极强的现实意义和可操作性。接下来，将从跨学科综合体系的构建以及课程语境的融合打造两方面，对高校推进媒介素养教育专业化提出如下对策与建议。

（一）探索跨学科综合体系的构建

大学生媒介素养教育虽然不是一门独立的学科，却是一门具有极大研究价值的科学。从专业研究的维度上看，它具有显著的交叉学科的特点，它不仅涉及传播学、新闻学等学科内容，也涉及心理学、教育学等学科内容，还涉及互联网应用等技术层面的内容。随着互联网的发展，其涉及的学科范围可能会进一步扩大。面对这样一个更新速度极快、需要持续研究的领域，高校应该尝试建立一个跨学科综合体系，以为自身的学术研究和实践工作提供相关服务。具体来说，高校可以定期开展学术论坛，围绕大学生媒介素养教育问题涉及的若干学科，邀请校内外相

应学科的专家学者介绍该学科的前沿问题，为媒介素养教育研究提供更多理论支撑。有条件的综合性高校可以加大对媒介素养教育的学术研究投入力度，面向全校不同专业的师生设立专项科研基金，鼓励跨学科合作，积极拓展研究思路，拓宽理论场域，并为相关师资的培养和储备积累基础；还可以探索开设针对教师的培训课程，提高一线教师对大学生媒介素养教育的认知水平。

但是，在构建跨学科综合体系时，高校需要处理好国内外学术研究的关系问题。虽然国外在媒介素养教育方面起步较早，其理论研究也存在值得我国高校学习和借鉴的地方，但我国高校应意识到开展媒介素养教育是为我国大学生服务的。因此，这种跨学科综合体系的研究应该以自身的实际问题为导向，切忌生搬硬套。而且，我国高校和国外高校在大学生媒介素养水平提升的问题上面临的情况存在一定的差异，所以我国高校在学习和借鉴国外高校媒介素养教育时应当坚持"以我为主，为我所用"的原则，结合学生的具体情况，努力构建符合我国实际的、满足我国发展需要的跨学科综合体系。

（二）课程语境的融合打造

当前国内很多高校注重利用第二课堂开展媒介素养教育，但从专业化的角度来说，第一课堂的作用仍是各种课外活动无法比拟的，它更能引导学生对媒介素养问题进行严肃认真的思考。根据实际情况来看，现阶段已开设媒介素养相关课程的国内高校中，媒介素养相关课程大多是选修课，其影响力和覆盖面有限，而且高校的必修课程中很少提及与媒介素养相关的内容。现阶段，全国本科生修读的必修课程中只有"思想道德修养与法律基础""形势与政策"这两门课程可能会涉及一些媒介素养的相关内容，其他课程基本上不会主动涉及。就课程教材而言，2018年版的《思想道德修养与法律基础》主要从宏观视角探讨了大学生思想品德和法律素养问题，没有对媒介素养进行深入介绍，网络在其中被更多地看作帮助大学生开阔个人视野、扩展个人知识面的工具。也就是说，现阶段媒介素养教育在大学课堂中处于一种缺位的状态，大学生鲜有机会通过课堂教学获取相关专业知识，也没有机会对这个问题进行认真的思考。这对大学生媒介素养水平的提升是极为不利的。

为了解决这个问题，应在现有大学培养计划的基础上，将媒介素养教育的内容尽可能地融入现有专业教学体系当中，尤其是融入"思想道德修养与法律基础""形势与政策""大学生心理健康"等必修课程当中。在授课过程中，任课教师应适当增加相关内容，从专业角度向大学生普及媒介素养知识，加深学生对媒介素养重要性的认识，介绍当前大学生的媒介素养情况，为媒介素养教育创造课程语境。高校的思想政治课应主动顺应当代大学生的新特点、新变化、新需求，尤其是在互联网与大学生学习、生活高度融合的今天，更应关注媒介素养教育，甚至将其纳入课程教学体系。此外，在思想政治课中渗透媒介素养教育，还有助于引导学生正确看待网络上传播的各类思潮，做到理性发声，从容应对日益开放的高校环境带来的挑战。在新媒体时代，高校更需要进一步发挥思想政治课的主阵地作用，对那些受网络信息影响产生思想变化的大学生，要做到主动出击、积极引导。这是涉及大学生思想层面的重大问题，也是提升大学生媒介素养水平的一个重要途径。

课程语境的融合，对相关课程的任课教师提出了更高的要求。高校媒介素养教育具有突出的时效性，其教学内容的更新需要保持较快的速度，这就要求教师在课堂教学过程中主动使用更多即时性素材，保证教学内容专业性与时效性的结合。与此同时，在相关课程的教学过程中，对特殊性问题的探讨远比对普遍性问题的探讨更有意义，这也是教师在课堂上抓住学生注意力的关键。例如，新媒体时代的媒介素养教育与传统的媒介素养教育相比，有一些共同的内容，如均强调受众的媒介使用技能，但这些问题对绝大部分当代大学生而言，已经难以引起他们的高度重视。为此，教师在授课过程中应该更加注重对媒介素养领域一些特殊性问题的探讨，尤其是对学生在日常使用网络过程中遇到的实际问题进行正确引导，从而让他们对课程内容产生更强烈的新鲜感和认同感，提升他们的代入感和在场感。

与现有课程的融合创新，是实现媒介素养教育进教材、进课堂、进学生头脑的有效渠道，也只有成功打造课程语境，才能为媒介素养教育走向专业化提供实践平台。媒介素养教育的全面开展，需要传统课堂教学与课外素质培养的充分结合。

四、多措并举，推进媒介素养教育的具象化

高校思想政治教育切忌"泛泛而谈"，媒介素养教育也是如此。针对当代大学生注意力碎片化的特点，高校在媒介素养教育过程中应思考如何通过具体、生动、形象、有趣的内容吸引学生。刘力军指出，国内一些高校在媒介素养教育过程中"缺少生动活泼的教学引导形式，未能实现从根本上对大学生媒介素养的主动性教育"①。在互联网中充斥着诸多不良信息的背景下，这种主动性教育的缺失导致不少大学生未能及时形成媒介素养意识，也导致高校在网络舆论事件中处于被动地位。要改变这种现状，需要高校在媒介素养教育中增加更多现实性的内容，使大学生真正将媒介素养问题看作与自身息息相关的事情。正如上文所言，高校媒介素养教育的目标指向，不应局限在大学生的网络行为层面，更应通过提高大学生的媒介素养水平促进他们综合素质的提高。要实现这个目标，媒介素养教育就不能完全脱离学生的现实学习生活。因此，高校媒介素养教育应该加强互动性，做到教育引导形式、内容、方法的具象化。

---

① 刘力军．"互联网+"时代大学生媒介素养的嬗变与教育对策 [J]. 中国出版，2019（1）：64-66.

（一）加强高校新媒体平台建设

高校在开展媒介素养教育时，应高度重视并充分利用新媒体这个特殊的实践场域。尤其是在当代大学生网络社交"再圈子化"和注意力"碎片化"的情况下，高校更需要格外关注学生的媒介使用偏好、使用习惯的转变，积极主动地加强新媒体平台建设，并以此为载体开展媒介素养教育。

传统媒介时代的那种通过少数宣传渠道就能覆盖大部分学生的情形不会再出现，当代大学生具有更大的媒介自主选择权。高校作为媒介素养教育的主体，必须顺应新媒体时代发展趋势，紧随学生群体新媒体平台的更迭而变化。近年来，国内许多高校都在微博、微信、抖音等平台开设官方账号，迎合了这种趋势。除此之外，高校还应该注意到，新媒体平台与传统媒介相比具有更强的即时性和互动性，它不仅是高校开展媒介素养教育的重要工具，也是高校了解、分析大学生媒介素养状况的重要渠道。因此，如何改进高校新媒体平台的搭建工作，是当前大学生媒介素养教育需要关注的基础性问题。高校新媒体平台的搭建通常有两种方式：一是"借船"，即依托现有成熟的、普及度高的新媒体平台，设立学校官方账号；二是"创设"，即面向本校学生创建一个独属于自身的新媒体平台。在新媒体起步阶段，"创设"类新媒体平台比较多，但由于缺乏足够的技术支持以及后期的运维和规范性管理，所以很难形成持续的影响力。随着新媒体的不断发展，一些主流的新媒体平台逐渐形成，并在大学生群体中广泛普及，"借船"逐渐成为高校搭建新媒体平台的主要方式。通过"借船"搭建高校新媒体平台不仅方便、快捷，也符合大学生的新媒体使用习惯，可以说是目前高校搭建新媒体平台最有效的手段。无论采取哪种方式、借助哪些平台，高校都需要努力提升本校新媒体平台的影响力，尽可能多地获得大学生的关注，从而提高教育引导工作的效率。

吸引大学生关注只是平台搭建的第一步，要想新媒体平台在高校媒介素养教育过程中持续发挥积极作用，关键在于提升新媒体平台的议程设置能力。20 世纪 70 年代，美国传播学家麦克斯维尔·麦库姆斯 (Maxwell McCombs) 和唐纳德·肖 (Donald Shaw) 在《大众传播的议程设置功能》一文中提出了议程设置理论，通过对比美国总统大选期间大众媒体报道内容与选民关注问题之间的关系得出一个重要结论：虽然大众媒体不能直接决定选民对某位总统候选人或者某类竞选主张的看法，但大众媒体侧重报道的内容往往会成为选民关心和重视的内容。换言之，大众媒体的议程设置能在一定程度上改变民众对总统候选人或竞选主张的态度，而且媒体对某类事物或观点的强调程度越高，民众对其关注程度也越高，反之亦然。在"人人手握麦克风"的新媒体时代，议程设置理论反映出来的这种现象有更加明显的表现。高校在新媒体平台上发布信息的过程其实是一个创造校园舆论场的过程，如果能通过巧妙的话题设置，为大学生提供与媒介素养相关的值得关注、思考和讨论的议题，那么就能让更多的大学生在新媒体使用过程中逐步提高对这一领域相关问题的关注度，从而在一定程度上达到优化校园网络环境、提升大学生媒介素养水平的目的。因此，高校应通过积极、合理的设置议程增强大学生对媒介素养问题的重视。

（二）实现线上线下的有效联动

高校媒介素养教育的具象化，不能只依靠新媒体平台构建和网络议程设置，还需要线上、线下的有效联动，在校园营造一种正能量的氛围。当代大学生普遍将网络世界当作自己现实世界的延伸，并能在两个世界之间游刃有余地穿梭，这是因为他们在两个世界的言行都是服务于现实中的自己。换言之，当代大学生在新媒体使用过程中并没有把网络世界和现实世界完全割裂开来，所以高校开展媒介素养教育时，也不应该从形式上将两者完全割裂。而且，随着互联网和新媒体的不断发展，网络世界与现实世界的边界出现明显的重叠痕迹，大学生的媒介素养与其在现实中表现出来的素养水平也会产生更多的联系。因此，高校应该将媒介素养教育看作大学生人才培养的一部分，着重提升学生的整体素质，使两者形成互促提升的良性循环。

实现线上、线下的有效联动，既是高校开展媒介素养教育的需要，也是吸引大学生参与的必要手段。大部分大学生更容易接受线上、线下相结合的方式，所以，高校不仅要依托新媒体平台开展媒介素养相关教育引导，还应充分利用校内原有的学生活动平台，举办以媒介素养教育为主题的系列活动，实现线上、线下的有效联动。在举办各类校园活动时，高校应充分发挥同学之间的相互促进作用。同学对新媒体时代的大学生而言，既是现实中的朋友，也是网络中的朋友，他们更容易形成信任和认同，所以相比网络中那些来源不清楚的信息，大学生自然更信任自己同学发布的内容。因此，高校应该积极发挥朋辈引导在媒介素养教育过程中的正面作用，在校园内培养意见领袖，并和学生一起积极传播正能量，共同营造风清气正的校园网络氛围。

（三）结合典型案例开展教育引导

实现高校媒介素养教育的具象化，离不开教育引导与实际典型案例的结合，尤其是与高校网络舆论事件案例的结合。结合热点舆论事件开展媒介素养教育引导工作，是当前提升大学生媒介素养水平的一种必要方式，也是提高大学生对这个问题的重视程度、避免媒介素养教育空泛化的有效举措。美国心理学家阿尔伯特·班杜拉（Albert Bandura）曾指出，人通过两种方式进行学习：一种是由自身行为后果产生的学习；另一种是通过他人示范产生的学习，也就是通常所说的间接经验学习或者观察学习。① 在新媒体时代，如果某名学生因个人媒介素养水平较低而在网络

---

① 班杜拉.社会学习理论 [M].陈欣银，李伯黍，译.北京：中国人民大学出版社，2015：12－17.

上发表不当言行,很可能会遭到网友的口诛笔伐,甚至会遭受人肉搜索等网络暴力,这会对该学生的身心产生极大的冲击。从这一角度看,班杜拉所提出的"由自身行为后果产生的学习"的学习成本比较高。就结果而言,间接经验学习是降低学生试错成本的一种有效方式。因此,高校需要重视典型案例在媒介素养教育中的重要作用。

结合典型案例进行高校媒介素养教育,具体可以从以下两方面展开:一方面,通过实际案例和热点舆论事件,引导学生学会甄别网络信息。近年来,网络上"反转新闻"频频出现,即网友在舆论事件一曝光后就开始"一边倒"的站队,但越来越多的实情被公布出来后,舆论的导向发生了 180 度的大转折。这不仅反映出一些网络媒体为了抢热点,存在不顾舆论事件的完整真相就进行报道的不负责任态度,还反映出一些网民在面对舆论事件时缺少甄别的能力,容易被只言片语的报道和群情激昂的舆论误导。这些网民中也不乏大学生,因此,在教导大学生时可以结合这些"反转新闻",用活生生的案例引导大学生在面对网络信息时,要学会客观分析,掌握从权威渠道求证信息的能力。另一方面,通过具体案例,引导学生学会在新媒体上理性发声。通过案例教学法,可以有效地提升学生的网络行为自觉性和责任意识。面对社交媒体上的信息,大学生需要具备分辨信息真伪的能力,并能在参与网络讨论时保持理性和尊重。案例教学的主要优势在于它将抽象的道德规范和网络准则转化为学生能够具体理解和感同身受的故事。例如,教师可以挑选一些因网络不当发声而酿成严重后果的事件,引导学生进行分析和讨论。在这个过程中,学生会被要求站在不同角度,评估言论的影响和传播的边界,体会言论自由与网络道德的关系。这样的互动不仅可以帮助学生增强批判性思维,还能教育他们在享受表达自由时不忘承担相应的社会责任。案例教学还能够展示网络言论对个人和社会的潜在影响。例如,学生可以研究由网络暴力导致的悲剧,或是由谣言传播引发的社会恐慌。这些案例能够让学生看到,每一次轻率的键盘点击都可能成为伤害他人的利刃。通过这种方式，学生能够理解到在键盘背后的是活生生的人，每一条信息发布后都有可能产生无法预测的后果。另外，案例分析不只包括负面教材，还应包括那些积极的案例，如理性讨论引发的社会变革或是网络平台上的正面倡导。这些积极的案例能够激发学生对正确网络行为的认同，增强他们传播正能量的动力和信心。

第七章 基于大数据技术的高校教育管理系统创新应用

随着科技的进步和高等教育的发展，信息管理手段在教务管理系统中也由单一手段向多元化手段过渡，这种过渡不仅有利于教学管理水平的提高，还有利于教学管理效率的提升。大数据、云计算、人工智能等技术的普及，促使师生、教务管理人员对教务管理系统提出了更高的要求。

第一节　基于大数据技术的高校学生信息管理系统

大数据技术能够对用户要调查的事件进行多方面分析，并形成综合数据，为用户的决策提供依据，促使用户的工作更加高效，决策结果更加科学。目前，全国大部分高校都在采用数据化的方式提高教学水平，因此需要思考如何利用大数据技术提高高校学生信息管理系统的质量和效率，更好地实现高等教育人才培养目标。

一、大数据技术对高校学生信息管理系统的积极影响

（一）提高数据处理效率

在大数据时代，高校学生信息管理系统的数据处理效率尤为重要。因为学校在不断积累学生信息，包括学生的个人基本信息、学习成绩、课程选择情况、参与的社团活动、宿舍分配情况等。这些数据若能被高效利用，将为学校的管理和教学带来极大的便利。

大数据技术在高校学生信息管理系统中的优势表现在以下两方面：一方面，大数据技术能够有效地处理和分析庞大的数据集，提高数据处理效率。传统的数据处理方式无法应对大量的数据，而大数据技术可以

在短时间内完成数据的存储、处理和分析，实现对学生信息的快速获取和使用。例如，通过大数据技术，学校可以快速查询某个学生的所有信息，大大提高了工作效率。另一方面，大数据技术可以实现对学生信息的深度挖掘和分析，提供更为精准的信息服务。例如，通过对学生的学习成绩、课程选择情况等进行分析，学校可以了解学生的学习习惯和兴趣，进而为学生提供个性化的教学服务。这对提升教学质量、丰富学生的学习体验具有重要意义。

在大数据技术的帮助下，高校学生信息管理系统可以实现对海量数据的高效处理和深度挖掘，为学校提供强有力的信息支持，从而提升教学和管理的效率。然而，随着大数据技术的广泛应用，如何保护学生的隐私、如何确保数据的安全性等问题也变得越加重要。这需要学校在使用大数据技术的同时，建立健全相关规章制度，确保学生信息的合理使用和保护。

（二）提升管理决策能力

在大数据时代，高校学生信息管理系统在提升高校管理决策能力方面至关重要。数据在现代社会中的价值已经被广泛认知，其被誉为新的"石油"。数据不仅是记录事实的一种手段，还能够支持决策，预测未来，从而提升机构的决策能力。因此，大数据技术在高校学生信息管理系统中的应用无疑能够提升学校的管理决策能力。

大数据技术能够提升决策的科学性。通过对海量学生信息的深度分析，学校可以准确地了解学生的需求，为决策提供有力的数据支持，使决策更加科学。例如，通过对学生的学习成绩、课程选择情况、参与的社团活动等进行分析，学校可以掌握学生的学习态势，并据此对教学策略进行及时调整，从而提升教学效果。除此之外，大数据技术也能帮助学校发现学生的问题（如学生的心理问题），从而进行及时干预。

大数据技术能够提升决策的效率。在大数据的支持下，学校可以在短时间内获取准确、全面的学生信息，使得决策过程更加快速、有效。这对提升学校的管理效率、解决学生问题具有重要作用。除此之外，大数据技术还能够帮助学校预测未来的发展趋势，为学校的长远发展提供决策依据。

（三）加强风险预测与管理

大数据时代，高校学生信息管理系统通过加强风险预测与管理能力，给高校管理带来了积极影响。在学校中，各类风险事件均可能发生，如学业压力过大导致的心理健康问题、学生不当行为引发的纪律问题等。而大数据技术可以帮助学校及时发现这些风险，从而进行预防和管理。

大数据技术可以帮助学校更早地发现潜在的风险。例如，通过对学生学习数据的分析，学校可以发现学习成绩突然下滑的风险，从而在问题恶化之前采取措施，如提供学术辅导或心理咨询服务，帮助学生解决问题。

大数据技术可以帮助学校更准确地评估风险。通过运用大数据技术对历史数据进行分析，学校可以了解哪些因素可能会导致某种风险的发生，从而更准确地评估每个学生面临的风险程度。这对学校制定个性化的教育策略、给不同风险程度的学生提供不同的支持服务具有重要作用。

大数据技术可以帮助学校更有效地管理风险。通过运用大数据技术对学生信息进行持续跟踪和分析，学校可以及时了解风险的发展情况，评估管理措施的效果，及时调整策略。例如，学校可以通过分析学生的行为数据，评估纪律教育的效果，如果发现效果不佳，可以及时调整教育方法。

（四）助力学生全面发展

大数据技术给高校学生信息管理系统带来的显著影响之一就是助力学生全面发展。大数据技术在教育系统中的应用已经从管理层面深入教学过程以及学生个人发展的各个环节，为学生的全面发展提供了全新的可能性。

大数据技术可以帮助教育者更深入地了解学生。通过收集并分析学生的学习数据、生活数据以及社交数据，教育者可以更全面、更深层次地了解每一名学生，包括他们的学习能力、兴趣爱好、性格特点、社交习惯等。这种个体化的理解对制订更为个性化的教学计划、满足学生多元化的需求都有着显著的帮助。

大数据技术也可以帮助教育者更准确地掌握学生的最新发展情况。通过大数据技术，教育者可以实时获取学生的最新信息，及时发现学生的问题，从而为他们提供及时的指导和帮助。对于学生而言，他们也可以通过数据反馈，更清楚地了解自己的优点和不足，更有针对性地进行改进。

大数据技术还可以为学生提供更多的学习资源和机会。通过大数据技术，教育者可以根据每个学生的实际情况，推荐最适合他们的学习资源和活动，帮助他们拓宽知识视野，提升个人能力。

二、基于大数据技术的高校学生信息管理系统建设方案

（一）高校学生信息管理系统建设需求分析

学生工作处是承接学生管理工作的主要部门，主要负责新生入学、学生思想政治教育、学生档案管理、行为规范管理、就业创业指导、宿舍管理、评奖评优、违纪处理、校园征兵、学生操行等工作。与此同时，学生工作处也负责辅导员的日常管理、培训、考核、评优等工作。学生工作处是集教育、管理、服务于一体的综合性管理部门，针对学生管理工作的实际情况，在学生信息管理系统的研发和设计过程中，不但要重点考虑目标期望、用户需求、系统功能等因素，而且要系统完成从管理到服务的转变，考虑实现移动化运行，以便利师生的校园生活。

（二）用户功能的分析和设计

高校学生信息管理系统是为提高学生信息管理效率、加强与家长互动、优化教学管理和提高服务质量而建设的重要项目。在该系统建设中，用户功能的分析和设计是至关重要的一环。下面将对高校学生信息管理系统的用户功能进行详细论述。

1. 用户分类和角色划分

在进行用户功能分析之前，需要对该系统的用户进行分类和角色划分。主要的用户包括学校管理人员、教师、学生和家长。学校管理人员负责对整个系统进行管理和监控；教师负责学生信息的录入、成绩管理和教学资源管理；学生可以查看自己的个人信息和成绩等；家长可以查看孩子的学习情况和与学校沟通。

2. 学校管理人员功能设计

（1）系统管理功能：包括系统设置、用户管理、权限管理、数据备份与恢复等，负责对系统进行全面管理和监控。

（2）统计报表功能：提供学生信息的统计分析，包括学生人数、性别比例、学生成绩分布等，并能生成报表，从而帮助学校管理人员进行数据分析和决策。

（3）数据查询功能：可根据特定条件查询学生信息，方便学校管理人员获取所需信息。

（4）通知管理功能：用于向教师、学生和家长发送通知和公告，保持与各方的及时沟通。

3. 教师功能设计

（1）学生信息管理功能：包括学生信息录入、修改和查询，确保学生信息的准确性和完整性。

（2）成绩管理功能：提供成绩录入、查询和统计分析功能，支持批量导入成绩和生成成绩报表。

（3）课程管理功能：用于课程安排、选课管理和教学资源的发布与管理。

（4）考勤管理功能：提供学生考勤的录入和查询，支持考勤统计和分析。

4. 学生功能设计

（1）个人信息查看功能：学生可以查看自己的个人基本信息、成绩、考勤等。

（2）成绩查询功能：学生可以查询自己的成绩，并查看成绩统计和分析。

（3）选课功能：提供在线选课功能，方便学生进行课程选择和管理。

（4）请假功能：学生可以申请请假并查看请假审批结果。

5. 家长功能设计

（1）学生信息查看功能：家长可以查看孩子的个人基本信息、成绩、考勤等。

（2）通知接收功能：家长可以接收学校发布的通知和公告，包括重要的学校活动、会议通知、学生表现反馈等，从而及时了解学校的最新动态。

（3）家校沟通功能：家长可以与教师进行沟通和交流，包括发送私信、咨询问题、了解学生的学习情况等，促进家校合作，共同关注学生的学习和发展。

（4）课程查询功能：家长可以查询孩子所选课程的详细信息，包括课程内容、授课教师、作业要求等，以便了解孩子的学习进度和课程安排。

（5）成绩查询功能：家长可以查询孩子的成绩情况，包括考试成绩、平时表现等，以便及时了解孩子的学业进展和成绩情况。

（6）请假审批功能：家长可以审批孩子的请假申请，包括查看请假原因、决定是否批准请假等，以在请假事务上与学校之间进行有效沟通和协作。

通过这些功能设计，高校学生信息管理系统能够为用户提供更便捷的操作和信息获取方式，满足不同角色用户的需求，并促进学校、教师、学生和家长之间的密切合作和有效沟通。但同时需要确保系统和数据的安全性，采取相应措施保护用户的隐私和信息安全。

（三）系统 WEB 端功能分析

1. 公告发布

公告发布是高校学生信息管理系统的一个重要功能，通过系统的 WEB 端实现。该功能主要用于向教师、学生和家长发布重要的通知和公告。该功能包括以下要点。

（1）公告发布界面：提供用户友好的公告发布界面，允许学校管理人员输入公告标题、内容、发布日期等信息。

（2）目标受众选择：支持选择公告的目标受众，如全校、特定班级、特定年级等，确保信息能够精确传达。

（3）公告状态管理：支持对公告状态进行管理，包括发布、撤回、编辑等操作，以满足实际需求。

（4）公告查看和通知：教师、学生和家长可以通过系统的 WEB 端查看公告，系统的消息通知功能也能提醒用户查看新发布的公告。

2. 资助管理

资助管理是高校学生信息管理系统的一个重要功能，用于管理学生的奖学金、助学金和奖助学金等资助信息。该功能包括以下要点。

（1）资助申请：学生可以通过系统的 WEB 端提交资助申请，需要填写个人信息、资助类型、申请原因等。

（2）资助审核：学校管理人员可以通过系统的 WEB 端对资助申请进行审核和审批，包括查看申请材料、评估学生的资助资格等。

（3）资助记录管理：记录每名学生的资助情况，包括资助类型、金额、发放日期等。

（4）资助统计和报表：方便学校管理人员对资助情况进行数据分析和报表生成。

3. 评奖评优

评奖评优是高校学生信息管理系统的一个重要功能，用于管理学生的各类奖项和荣誉称号。该功能包括以下要点。

（1）奖项设立和管理：学校管理人员可以通过系统的 WEB 端设立和管理各类奖项，包括学术奖、科技创新奖、文体活动奖等。

（2）奖项申请和评选：学生可以通过系统的 WEB 端申请参评各类奖项，并提交相关材料和证明。

（3）评选流程管理：包括评委评审、公示期、结果发布等环节。

（4）评奖评优记录管理：记录每名学生参与评选的情况，包括评选类型、获奖等级、评选时间等。

（5）荣誉展示：通过 WEB 端展示学生获得的各类奖项和荣誉称号，供学校和家长查看和了解学生的成就。

（6）荣誉证书生成和打印：方便学校向获奖学生颁发荣誉证书。

（7）荣誉统计和报表：方便学校管理人员对学生荣誉情况进行数据分析和报表生成。

4. 违纪处分

违纪处分是高校学生信息管理系统的一个重要功能，用于管理学生的违纪行为，给予相应的处分决定。该功能主要包括以下要点。

（1）违纪记录管理：学校管理人员可以通过系统的 WEB 端记录学生的违纪行为，包括违纪类型、违纪时间、违纪地点等详细信息。

（2）处分措施管理：支持对违纪行为相应的处分措施进行管理。系统需要根据学生的实际违纪行为采取相应的处分措施，并及时更新信息。

（3）处分通知和通告：将处分决定及时通知相关人员，包括学生本人及其家长。

（4）处分记录管理：记录学生的处分情况，包括处分类型、执行时间、解除处分等，以便学校进行管理和跟踪。

5.学生电子档案管理

学生电子档案管理是高校学生信息管理系统的一个重要功能，用于存储和管理学生的电子档案。该功能包括以下要点。

（1）档案存储和归档：将学生的个人信息、成绩、获奖纪录、违纪记录等资料输入系统，系统会按照特定的分类和编号规则进行存储和归档。高校学生信息管理系统会为每个学生创建一个唯一的档案编号，确保信息检索的便捷性；还会实施安全措施，如备份和加密，以防数据丢失或未授权访问。

（2）档案检索和查询：教师和学校管理人员可以通过系统的 WEB 端对学生电子档案进行检索和查询，快速获取所需信息。

（3）档案权限管理：系统应设定档案访问权限，确保只有具有相应权限的用户才能够查看和编辑学生电子档案。

（4）档案更新和修改：教师和学校管理人员可以通过系统的 WEB 端对学生电子档案进行更新和修改，保证档案的准确性和完整性。

（5）档案导入和导出：方便学校管理人员从其他系统或文件中导入档案数据，并将档案数据导出为常见的文件格式，以便备份和共享。

（6）档案历史记录：系统应记录学生电子档案的历史修改记录，包括修改时间、修改内容等，方便追溯档案的变更历史。

6.学生请假管理

学生请假管理是高校学生信息管理系统的一个重要功能，用于管理学生的请假申请和请假流程。该功能包括以下要点。

（1）请假申请：学生可以通过系统的 WEB 端提交请假申请，包括请假类型、请假事由、请假时间等详细信息。

（2）请假审核：教师或班级导员可以通过系统的 WEB 端对请假申请进行审核和审批，包括查看请假事由、评估请假的合理性等。

（3）请假记录管理：记录每名学生的请假情况，包括请假类型、请假时间、审核状态等。

（4）请假通知和审批结果：系统应及时通知学生及其家长请假申请的审批结果，以确保他们能够及时了解请假情况。

（5）请假统计和报表：方便学校管理人员对学生请假情况进行数据分析和报表生成。

第二节　基于大数据技术的高校学生综合测评系统

一、高校学生综合测评系统设计

（一）系统设计原则

在制订高校学生综合测评系统与设计技术方案时，项目组成员须遵循如下设计原则，以确保系统建设的可行性与高效性。

1.统一设计原则

对系统结构进行统筹规划和统一设计，从全局和长远的角度，考虑系统建设的方法、数据模型、数据存储体系以及系统功能扩充等内容。

2. 先进性原则

采用当前已经大规模使用且在国内处于领先地位、符合未来发展方向的技术及软件和硬件设备来构建系统。不同于采用三层体系结构的软件系统设计方法，高校学生综合测评系统采用当前成熟的 Hadoop 系统和流行的 Spark 开源系统处理数据，性能稳定，拥有成熟的社区和文档资料。

3. 高可靠性和高安全性原则

在系统和数据架构设计过程中，应全面考虑系统的可靠性和安全性。在设计安全性时，高校学生综合测评系统应提供各种检查隐患的处理手段，以确保数据的准确性、安全性、一致性，保证系统正常运行与安全可靠。为保护和隔离信息，充分共享信息资源，系统须控制各个层次的访问，对操作权限进行严格设置。

4. 可扩展性原则

设计系统时，要使各功能模块具有适当的耦合度，确保设计简明，这样便于系统的扩展，以及更好地满足未来发展的需要。同时，兼容原有的数据库系统，可以使整个系统根据实际需要，随时升级到新系统，实现系统之间的平滑过渡。

5. 用户操作方便原则

系统界面不但要做到风格统一美观，而且要易于用户操作，尤其应满足各个用户群的使用需要，如为其提供个性化定制的操作界面。

（二）系统总体架构设计

信息技术时代，高校学生综合测评系统的构建，需要以大数据技术为核心，以云计算为平台支撑，以物联网为主干网络，以智能感知为主要信息来源，以实现对学生信息的智能处理。

1. 物理感知层

在校期间，学生可以通过校园网和无线网登录慕课及其他在线学习平台进行学习。学生在学习过程中，往往会产生行为数据。高校教育管理者可以通过物联网技术、大数据技术以及各类感知技术，收集这些数据，分析学生的行为习惯，同时可以通过实时采集并分析学生使用微博、微信等的数据，了解学生的个性特点，从而为学生成长发展和教育教学工作的有效开展制定科学的规划，对教育教学工作的开展进行科学的管理。多种科学技术（如大数据技术、物联网技术等）能全面、深入采集学生的行为数据，这些数据能为教育管理工作的开展提供可靠的数据支持，其中物理感知技术在其中多个方面与环节上，尤其在信息收集过程中发挥了关键作用。

2. 网络通信层

近年来，随着有线网络的不断发展，移动通信技术得到快速发展，并逐渐起主导作用，人们进入 4G、5G 时代，当前的网络具有传输速度快、安全性能高、运行稳定性强、覆盖面广等特点，为实现设备之间的互联互通提供了保证。学生可通过有线网络和无线网络，随时随地享受网络服务或通过网络进行交流、学习等，因此，当前建立高校学生综合测评系统网络方面的基础条件已经具备。

3. 云计算与大数据层

学生综合测评系统借助云计算与大数据技术，对学生的相关信息进行采集、整理、分析，构建数据模型，再根据数据模型对学生的行为进行分析、评价和预测。高校学生综合测评系统的建设应强调个性化的服务理念，在收集学生过去的学习数据和行为数据时，可以采用协同过滤、关联规则、基于内容的推荐算法等方法，对学生的学习情况、个性特点、学习诉求等进行测评，帮助教师和家长更准确地了解学生的动态，并向他们提供科学的学生培养方法和建议。

4. 可视化层

将学生数据分析结果通过网页设计技术可视化显示后，用户（学生、教师、家长）可通过各种智能终端进行查看。学生测评结果的可视化展示应简洁、美观，同时应考虑在智能终端上的显示，使用户无论是用电脑还是手机等，都可以查看测评结果，享受测评系统的服务。

（三）系统功能模块设计

1. 系统基础平台模块的设计

随着高等教育信息化程度的不断加深，高校业务日趋繁多。各种教育方面的系统在应用过程中会产生与学生相关的海量数据。面对庞大的数据，过去单机处理和保存数据的方式已不能满足当前的需求。在设计高校学生综合测评系统基础平台模块时，可使用云计算技术。

在存储海量的学生数据时，在传统的磁盘冗余阵列基础上，引入分布式网络存储技术，在云计算平台上部署 Hadoop 系统，打造大数据处理生态圈，利用 Hadoop 分布式文件系统（Hadoop Distributed File System，HDFS）进行存储。与此同时，为进一步提升数据分析能力，可以用当前流行的 Spark 平台处理数据，相对于 Hadoop 的 MapReduce 并行计算处理框架，Spark 能在内存中运行，且速度更快。Spark SQL 允许开发人员采用类似 SQL 语句的方式分析数据，Spark Streaming 能保证系统可以实时处理学生数据，Spark Mlib 能保证系统可以利用机器学习算法处理数据。

2. 大数据中心管理库的设计

在信息化时代，学生四年的大学生活会产生很多的数据信息。高校在录取学生后，会将学生信息添加到迎新系统中，接下来学生处会为学生建立档案，教务处则会按照人才培养方案录入学生需要学习的课程信息，后勤处为学生办理一卡通，网络中心为学生提供上网账号，宿管中心为学生安排宿舍和床位，图书馆为学生办理借阅证，这些工作都可以通过数据中心管理系统来完成。高校信息管理库通过网络日志、各类监控设备等收集、记录并保存学生入学后的一切数据信息，据此分析学生的个性特点和行为习惯，并以文字、图像和视频等形式进行展现，以为高校教育管理工作的信息化、数据化提供支持与依据。

为了将分散在各部门的学生数据整合到一个中心数据库中，对于大数据中心管理库的设计模块，可采用当前流行的 ETL<sup> 数据预处理工具，将需要的数据从各部门抽取出来，建立数据仓库，保存清洗过的数据；为加快数据中心库建立的速度，增强操作的方便性，可以采用开源的 Sqoop 子项目，辅助中心管理库的建立。

3. 大数据分析模块的设计

大数据分析模块的设计过程可分两部分实现：①针对学生个人信息统计、一卡通消费、图书馆活动、出入宿舍等方面的分析，可采用 Java 语言编写程序调用 MySQL 数据库接口，利用结构化查询语言（structured query language，SQL）数据库中的命令和函数实现数据的统计与计算，该部分属于系统功能性的实现。因学生数据量庞大，故采用将 Hadoop 中的 Hive 与 Spark 平台中的 Spark SQL 相结合的办法，计算结果可以利用相关工具画出图形进行可视化展示，来实现对学生数据的分析。②针对学生在校情况综合测评模块，可采用数据挖掘和机器学习的方法，从学生的个人信息、一卡通消费、图书馆活动、出入宿舍等方面提取影响测评结果的特征，采用 Apriori 关联规则算法、逻辑回归、聚类等多种模型分析学生行为的相关性。下面将详细论述上述各个模块的设计如何实现。

（1）学生信息统计展示模块设计。高校学生信息统计展示须采用

---

① ETL，是 Extract-Transform-Load 的缩写，用来描述将数据从来源端经过抽取 (extract)、转换 (transform)、加载 (load) 至目的端的过程。

SQL 中的常用函数来完成针对学生每一个属性信息的计算，如采用求和函数对学生总人数、各民族学生人数等信息进行计算，采用查询的方法统计每一个年龄段学生的人数。同时，须将上述统计结果通过饼状图、柱状图等展示出来。

（2）一卡通消费分析模块设计。学生一卡通消费情况分析，须统计不同性别、籍贯的学生人数，计算不同情况的比例，采用柱形图和曲线图显示消费人数与消费金额。同时，需要统计每名学生的消费信息，以为判断其经济状况提供依据。

（3）学生图书馆活动分析模块设计。学生出入图书馆情况的分析包含两部分：一部分是学生每天从早上七点到晚上九点出入图书馆情况的总体趋势分析；另一部分是针对每名学生一段时间内出入图书馆以及借阅书籍的记录分析。

（4）学生出入住宿情况分析模块设计。学生出入宿舍情况分析，以天为单位统计学生的进出次数，标记其出入时间，同时监测和统计每天晚上 11 点以后出入宿舍的学生，将之列入疑似未住宿的学生名单，通过系统的邮件发送模块将该名单发送给管理人员。

（5）学生在校情况综合测评分析模块设计。运用大数据技术对学生数据进行分析，不但速度快，而且可以对学生数据进行未知价值分析。为了分析学生的个人信息及其与学业成绩的相关性，高校学生综合测评系统采用 Spark 平台中的 Spark SQL 语句和 MLlib 机器学习模块进行数据分析。例如，分析学生成绩与其出入图书馆次数的相关性时，可以采用 MLlib 库中的 Apriori 算法、关联规则等。Spark 作为大数据处理平台的显著优点是将机器学习算法并行化，充分利用内存计算的高性能，快速运行得出结果。

分析了学生成绩与其出入图书馆次数的相关性、吃早餐与学生成绩的相关性、一卡通消费与学生经济状况的相关性后，针对学生在校情况进行综合测评。首先，从学生个人信息、一卡通消费、出入宿舍和图书馆等表格中，提取数据特征，进行特征相关性分析，对数据进行标准化和归一化处理；然后，通过对数据进行训练集与测试集的划分，确定评价的性能指标，如准确率、查全率等；接着采用 Spark 平台中的 MLlib 针对预测问题进行建模，如可以利用 K-means 聚类算法对学生社区相关信息进行分析，判断学生的社交范围；利用逻辑回归对学生进行分类分析，判断学生在校综合情况，给出测评结果，如优或劣。

在对学生信息进行分析的过程中，必须考虑海量数据的问题，大数据时代的数据分析不同于传统的关系数据库分析，关系数据库主要进行数据的增加、删除、修改和查询，其中查询大多通过 SQL 中的 Select 语句完成，根据需要设置 where 条件和进行 count 统计，这种方式处理速度慢，功能简单，无法满足大数据时代的数据处理需求。为了处理海量学生数据，大数据分析模块采用 Hadoop 生态圈中的 Hive 或 Spark 平台中的 Spark SQL 进行数据的查询与统计分析，极大地提高了数据处理速度。利用上面方法，系统可以轻松地完成对学生个人信息、一卡通消费、出入宿舍和图书馆等的统计与分析运算。

4. 可视化分析结果模块的设计

在搭建基础平台、建立数据中心整理库、进行数据分析的基础上，学生综合测评系统须将分析结果进行可视化展示。除此之外，该系统还要进行管理模块设计，如建立用户的登录模块，设置用户权限，可通过数据访问层、业务逻辑层、数据表示层等来实现。在实现过程中，页面设计采用动态网页技术标准（Java Server Pages，JSP）完成，JSP 提供了完整的数据驱动程序、页面显示程序，可以满足常用信息管理系统的设计。

（四）系统非功能性设计

1. 系统安全设计

系统安全设计是系统的第一道防护大门，在系统运行过程中，要做如下安全设计：为防止校外人员访问系统，增加系统的压力，限制访问的 IP 段为校内网段；为防止大量用户在某个时间段一起访问系统，对同时在线人数进行限制；对用户登录进行限制，如限制用户在特定时间段内多次重复登录或限制登录次数，等等。

2. 程序资源访问控制

访问控制是在身份认证的基础上，鉴别用户的合法身份后，依据授权对提出的资源访问请求加以控制。访问控制是一种安全手段，既能够控制用户同其他系统和资源的通信与交互，也能保护系统和未经授权的资源访问，还能为成功认证的用户设定不同的访问等级。对于高校学生综合测评系统，超级管理员、教师、管理人员和学生具有不同的系统使用权限，操作界面各不相同，需要设置程序资源访问权限控制。

3. 数据安全设计

学生数据中涉及学生的隐私信息，因此在数据使用过程中，应将数据存放在固定的磁盘，限制外人的拷贝和查看，以保证数据不被泄露；在展示数据分析结果时，应有所选择，保证不展示学生的敏感信息。

二、高校学生综合测评系统实现

（一）系统功能实现

1. 云计算与大数据平台搭建

（1）Hadoop 基础环境搭建。首先，搭建 Hadoop 环境需要部署在多个服务器上以形成一个集群，从而确保数据处理的高效性和系统的可扩展性。安装 Hadoop 的过程涉及配置 NameNode（管理文件系统的命名空间）、DataNode（数据节点）等关键组件，它们共同负责数据的存储和管理。在此基础上，集群资源管理系统（Yet Another Resource Negotiator，YARN）作为 Hadoop 资源管理器，可以调度各种计算资源，提高计算任务的执行效率。HDFS 可以高效地处理海量的学生数据，无论是学习成绩、行为数据还是社交互动信息，都能够被存储并快速处理。此外，为了确保数据的准确性和可靠性，Hadoop 集群还需要配置适当的数据备份和恢复策略。

（2）Hadoop 启动及运行效果展示。首先需要格式化 HDFS，然后分别利用 start-dfs.sh 命令和 start-yarn.sh 命令启动 HDFS 和 YARN。启动完成之后，利用 IPS 命令查看所有进程是否启动成功。

（3）Spark 安装与配置。Spark 是由美国加利福尼亚大学伯克利分校开发的类似 Hadoop MapReduce 的通用并行框架，具有 Hadoop MapReduce 所具有的优点，但不同于 MapReduce 的是 Job 中间输出结果可以保存在内存中，从而不再需要读写 HDFS，速度更快。Spark 的安装需要在 Hadoop 已经成功安装的基础上，并且要求 Hadoop 已经正常启动。在名称节点上，安装 Spark 需执行的步骤如下：①解压并安装 Spark；②配置 Hadoop 环境变量；③安装部署 Spark；④验证 Spark 安装。

2. 学生数据整合

学生的个人信息数据和日常行为数据，原本存储在传统关系型数据库中，为了利用大数据平台处理数据，须将关系型数据库中的数据通过 Sqoop 子项目转换到 HDFS 中，或将由监控视频文件、上网日志等构成的文件通过 HDFS 的应用程序编程接口（application programming interface，API）编写程序，直接上传到 HDFS 中。下面详细介绍学生数据整合的方法。

（1）将关系型数据库中的数据转换到 HDFS 中。为了将学生个人信息数据从关系型数据库转换到 HDFS 中，须采用 Hadoop 生态圈中的 Sqoop。Sqoop 是用来在结构化、半结构化和非结构化的数据源之间进行数据传输的一个工具。它充分利用了 MapReduce 分布式并行的特点，可以从 Hadoop 导出数据到关系型数据库，也可以从关系型数据库导出数据到 Hadoop 中。

（2）数据处理流程。学生在校期间产生的半结构化和非结构化的文本文件与视频数据，主要包括学生学习动态数据和生活动态数据。其中，学习动态数据包含学生个人信息和学习结果数据等；生活动态数据包含日常消费数据、日常生活数据、课外活动数据等。结构化的学生信息被存储在学工系统、教务系统、后勤系统和图书管理系统中，经过整合后加入学校学生信息共享数据库，经过 Sqoop 子项目转换后，从关系型数据库转入 HDFS 中；半结构化和非结构化的数据通过 HDFS 的 API 编写程序被上传或下载到高度容错性的系统中。通过 ETL 过程 HDFS 中的数据被预处理、抽取和加载，经过 Hive 或 Spark 等数据挖掘工具分析后，采用网页设计技术进行可视化展示。

（二）系统非功能实现

1. 并发用户限制实现

在线并发用户人数可以称为并发连接数。用户浏览一个网页时，用户则和服务器之间建立了一个链接，该链接也称为并发。一个系统在运行过程中，能容纳的在线人数是固定的，因此在开发系统的过程中，需要设计在线人数统计功能，限制并发数，即同时在线的最大用户数，当达到一定数量时，不再允许其他用户登录。

2. 安全性实现

如果要把一个系统部署到互联网上运行，安全性是必须的。它要能抵御各种攻击和入侵，采用各种策略保证用户数据不被丢失。在开发高校学生综合测评系统时，JSP 页面的设计是在 Java 2 平台企业版（Java 2 Platform，Enterprise Edition，J2EE）框架中进行的。J2EE 提供了各种安全性策略，可供用户使用，具体如下。第一，针对系统中的不同用户，如系统管理员、教师、学生等，设置不同的资源访问权限，定义安全域、安全角色和用户。第二，系统对外发布时，须采用 Tomcat 开源软件，Tomcat 中的安全域是服务器存储安全配置的地方，可以设置安全验证信息，如用户信息或用户和角色的映射关系等。第三，用户通过 JSP 提交请求时，可能会受到恶意攻击，为应对攻击，系统管理员可以通过过滤数据，增强用户的个人隐私安全。

第三节　基于大数据技术的教师管理系统

在信息技术和互联网高速发展的今天，科技已经成功引领时代潮流，大数据技术更是其中引人注目的一项。一切以数据说话，万物以数据支撑，造就了今天的大数据风潮。现如今，大数据技术已经向多领域延伸，完成多方面的资源整合。

一、大数据技术对教师管理系统建设的积极影响

（一）提高绩效评估的客观性、公正性

数据驱动的绩效评估是大数据技术在教师管理系统中的重要应用之一。通过收集、整理和分析教师的教学数据、学术成果数据等，可以构建全面的教师绩效评估体系，从而实现对教师绩效的客观、准确和公正评估。以下将详细论述数据驱动的绩效评估在教师管理系统中的积极影响。

1. 全面的评估指标

传统的绩效评估主要包括主管评价、同行评审和学生评价等，评估结果容易受到主观因素的影响。而教师管理系统基于大数据技术的支持，可以收集和整理多维度的教学数据，如学生的学习成绩、课堂出勤

率、作业提交情况等，以及教师的出勤率、教学效果等，综合这些数据，可以构建全面的评估指标体系，为教师绩效评估提供更加客观、准确的依据。

2. 个性化评估与发展规划

基于大数据技术的支持，教师管理系统可以根据教师的绩效评估结果，为教师提供个性化的评估报告和职业发展规划。例如，通过对教师的教学能力、教学成果等进行综合分析和评估，帮助教师了解自身的优势和不足，制订个性化的专业发展计划。教师可以根据系统提供的个性化评估和发展规划，有针对性地改进教学方法、提升教学质量，实现个人职业目标。

3. 实时的评估与反馈

教师管理系统可以实时地收集、分析和反馈教师的教学数据和绩效评估结果，并可以定期或根据需要生成教师的评估报告，向教师提供及时的评估反馈。教师可以通过系统了解自己的教学效果，并据此调整教学策略和方法，提高教学质量。除此之外，学校管理人员也可以根据系统的评估结果，为教师提供具有针对性的支持和培训，帮助教师改进教学，提升绩效水平。

（二）为教师提供个性化的职业发展规划

提供个性化的职业发展规划是大数据技术在教师管理系统中的一项重要功能。通过对教师的绩效评估结果、教学数据和个人需求的分析，系统可以为教师提供个性化的职业发展规划，帮助教师实现自身的职业目标和提升教学能力。

1. 基于绩效评估的发展需求分析

基于大数据技术的支持，教师管理系统可以根据教师的绩效评估结果，对教师的教学能力、教学成果等进行综合评估；也可以识别教师在不同领域、学科或课程中的专业能力和潜力，了解教师的发展需求，帮助教师发现自身的优势和不足，确定个性化的职业发展方向。

2. 个性化的培训和进修建议

教师管理系统可以根据教师的绩效评估结果和发展需求，为教师提供个性化的培训和进修建议。具体来讲，教师管理系统可以通过分析教师的发展潜力和专业能力缺口，为教师推荐合适的培训课程、研修项目或学位进修方向。由此，教师可以有针对性地提升自己的教学水平和专业能力，实现职业发展目标。

3. 职称晋升的指导和支持

教师管理系统可以根据教师的绩效评估结果和发展需求，为教师提供职称晋升指导和支持。具体来讲，教师管理系统可以通过分析教师与不同职称评定要求的差距，为教师制订个性化的职称晋升计划；还可以提供相关的资料和指南，帮助教师了解职称晋升的流程和要求，从而帮助教师实现职称晋升。

（三）促进教师间的资源共享和合作

教师间的资源共享和合作是大数据技术在教师管理系统中的一项重要功能。通过分析教师的教学资源和经验，教师管理系统可以促进教师之间的资源共享和合作，从而提升教师的教学水平、丰富教学内容，并促进教师的专业成长和教育质量的提高。下面将详细论述教师间的资源共享和合作在教师管理系统中的积极影响。

1. 资源共享的便利性

基于大数据技术的支持，教师管理系统可以对教学资源进行整理和存储，并提供共享平台。教师可以将自己制作的教案、课件、教学视频等上传到该平台，供其他教师查阅和使用。系统可以对教学资源进行分类，对数据资源进行标签化处理，方便教师能够快速找到自己需要的教学资源，促进资源的高效共享。

2. 优秀经验的推广和分享

基于大数据技术的支持，教师管理系统可以识别出在特定领域或教学策略方面表现优秀的教师，将其教学资源和经验进行整理和推广。这些优秀的教学资源可以为其他教师提供参考，帮助他们改进自己的教学方法和策略。而且，通过系统的推广，优秀的教学经验可以得到更广泛的传播和应用，有利于促进教学水平的整体提升。

3. 合作研究和教学团队建设

教师管理系统可以通过建立社交平台和互动机制，鼓励教师之间进行合作研究，从而加强教学团队建设。而教师可以通过该系统建立自己专业领域的交流群组或团队，共同讨论教学问题、分享教学资源和经验。这样的合作研究可以促进教师之间的互动和学习，增强教师的合作意识，推进教育教学的创新和进步。

二、基于大数据技术的教师管理系统的构建策略

（一）数据采集与整合

数据采集与整合是构建基于大数据技术的教师管理系统的关键之一。通过大数据技术，教师管理系统可以采集教师相关的多样化数据，并将其整合为有价值的信息资源，为教师管理和决策提供支持。下面将详细论述数据采集与整合在构建教师管理系统中的重要性和具体实施方法。

1. 数据采集的重要性

数据采集是构建教师管理系统的基础工作，直接影响到后续的数据分析工作。通过数据采集，可以收集教师的各类数据，包括个人信息、教学数据等。这些数据是评估教师绩效、分析教学质量和推动教师专业发展的重要依据。因此，确保数据的准确性、完整性和及时性

是数据采集的关键目标。

2. 多源数据采集策略

教师管理系统应采用多源数据采集策略，从各个数据源获取教师相关数据。主要的数据源包括学校管理系统、教务系统、学生信息系统、教学评价系统、教学资源库等。通过与这些数据源的集成，可以实现数据的自动化获取和实时更新。此外，教师管理系统还可以利用在线调查问卷、学生反馈和教师自主填报等方式，主动收集教师的信息和意见。

3. 数据标准化与数据清洗

为确保数据的一致性和可比性，需要对采集到的数据进行标准化与清洗。数据标准化包括统一命名规范、统一数据格式、统一数据编码等，以便后续的数据整合和分析工作。数据清洗包括去除重复数据、纠正错误数据、填补缺失数据等，目的是提高数据质量和可信度。此外，还应对敏感数据进行脱敏处理，以保护教师和学生的隐私。

4. 数据整合与建模

数据整合是将来自不同数据源的数据进行整理，形成完整、一致的数据集合。在数据整合过程中，需要根据教师管理系统的需求和数据特点，建立合适的数据模型和数据库结构，以便对数据进行有效的存储和管理。数据整合还可以通过数据关联、数据匹配和数据链接等技术手段，建立不同数据之间的关联，为后续的数据分析和决策提供支持。

5. 数据采集的技术支持

在数据采集的过程中，需要借助适当的技术工具和平台来支持数据的获取、传输和存储。

（1）自动化数据抓取工具：利用网络爬虫技术，可以自动从指定的网页或系统中提取数据，并对数据进行清洗和整理。

（2）数据接口和API：与学校管理系统、教务系统等进行接口对接，通过 API 获取数据，实现数据的自动化同步和更新。

（3）云存储服务：利用云平台提供的存储服务，将采集到的数据安全地存储在云端，并确保数据的可访问性。

（4）数据传输加密：采用安全的数据传输协议和数据加密技术，保护数据在传输过程中的安全，防止被恶意篡改或窃取。

（5）数据库管理系统：选择适当的数据库管理系统，建立高效、可靠的数据库结构，实现数据的存储和管理。

6. 数据质量管理

数据质量管理是数据采集过程中的关键环节，它需要确保采集到的数据不但符合预期，而且可以被有效地用于后续的分析和决策。在数据的生命周期中，质量管理涉及多个环节，包括校验、清洗、监控和评估。

第一，数据校验是确保数据准确性的基础步骤，通常涉及检查数据是否满足预定的格式、范围和逻辑关系。例如，在收集日期数据时，需要确保每条记录都符合特定的日期格式，如 YYYY-MM-DD。此外，当数据值需要在某个特定范围内，如在 0～100，数据校验将确保所有的数据点都在这个范围内。逻辑校验则可以确保数据间关系的合理性，例如，工作的结束日期不能早于开始日期。

第二，即使经过校验，数据仍然可能包含重复、冗余或错误的信息。因此，数据清洗尤为重要。数据清洗的过程涉及修正、替换或删除错误或不准确的数据。这里主要论述其中的去重和处理缺失值。去重可以确保每个数据点都是独特的，没有重复的记录。例如，如果学生信息数据库中包含两条同一名学生的信息，去重操作将删除其中一条记录。

任何数据集都可能遇到数据缺失的问题。数据缺失不仅可能导致分析偏差，还可能影响模型的准确性。处理缺失值的策略可以根据数据的性质和缺失原因进行选择。常用的方法为插值，即使用已知数据点的模式来估算缺失值，或用均值、中位数填充。在某些情况下，如果数据缺失是系统性的，可能需要更复杂的策略，如模型估计或使用外部数据源进行补充。

第三，由于数据量的增长和数据源的多样性，数据监控变得至关重要。通过设置自动化的数据质量监控系统，教育管理者可以获取完整、准确的数据信息。当教师管理系统检测到潜在的质量问题时（如数据峰值或异常值），就可以发出警告，以便教育管理者及时采取行动。

第四，对于长期持续的数据采集，定期的数据质量评估是必要的。这不仅可以确保数据持续满足质量标准，还可以为数据采集过程的持续改进提供反馈。评估可以通过计算各项质量指标的准确性、完整度和一致性来完成，还可以通过与外部标准或基准数据集进行对比来完成。

（二）数据分析与挖掘

数据分析与挖掘是构建基于大数据技术的教师管理系统的关键策略之一。通过对采集到的教师数据进行深入的分析和挖掘，可以发现隐藏在数据中的规律，为教师管理和决策提供有力的支持。下面将详细论述数据分析与挖掘在构建教师管理系统中的重要性和具体实施方法。

1. 数据分析的重要性

数据分析是从大量的教师数据中提取有用信息的过程，可以帮助学校和管理人员更好地理解教师的绩效状况、教学质量等方面的情况。数据分析的目标是将海量的教师数据转化为有意义、有价值的信息，从而为教师管理提供科学依据和决策支持。

2. 多维度数据分析

教师管理系统应采用多维度的数据分析方法，从不同角度对教师数据进行分析。常用的数据分析方法包括统计分析、数据挖掘、机器学习等。通过这些方法，可以深入挖掘教师数据中的信息，识别出潜在的规律和关联，为教师管理提供更准确、更全面的依据。

（1）统计分析。统计分析能够深入挖掘教师的教学、研究和其他活动的特点。其中，描述性统计可以揭示教师数据的基本分布特征，从而对教师的整体表现有直观的了解。相关性分析主要探讨不同指标之间的关系，例如，教师的教学评价分数与其研究产出之间是否存在关联。通过计算相关系数，可以定量描述这种关系的强度和方向。

（2）数据挖掘。数据挖掘为揭示教师数据中深层次的模式和规律提供了强大工具，例如，应用聚类分析、分类分析、关联规则挖掘等数据挖掘技术，可以发现教师数据中隐藏的模式、规律和关联。聚类分析可以对具有相似特性的教师进行分组，例如，根据教师的教学方法和研究兴趣对他们进行划分，从而帮助学校为不同类型的教师提供具有针对性的培训。分类分析可以预测教师的某些行为或成果，例如，使用历史数据预测哪些教师更可能获得优秀教学奖。这不仅可以发现影响教学表现的因素，还可以为教育决策的制定提供指导。关联规则挖掘用于发现教师数据中的有趣关联，如教师参与的学术会议数量与其研究产出的关联度，或者教师的研究方向与学生评价之间的关联。这些关联有助于揭示教师行为背后的潜在因素，为教育管理者更科学、合理地管理教师提供数据支撑。

（3）机器学习。机器学习为教师数据的解读提供了先进的技术手段，具有自动化、智能化和动态适应的特点。利用机器学习算法，可以对教师数据进行建模和预测，例如，利用监督学习算法预测教师的绩效评估结果，利用无监督学习算法发现教师的聚类和群组。在监督学习中，利用带有标签的历史数据训练模型，可以预测教师的绩效评估结果。例如，输入教师的课堂互动情况、论文发表数和学生评价等数据，模型可以预测教师是否会在下一学期获得优秀教师奖。这样的预测可以帮助学校识别那些可能需要更多支持或培训的教师。在无监督学习中，利用聚类算法等新兴技术，能够发现数据中的隐藏结构。具体到教师数据，则可以发现具有相似教学风格或研究兴趣的教师群组，从而为他们提供定制的专业发展计划。

3. 数据可视化与报告

数据可视化是将分析结果以表格、图形等形式进行可视化展示的过程。通过数据可视化，可以直观地呈现教师数据的关键指标和趋势。教师管理系统应提供丰富的数据可视化工具和报告功能，以便用户能够更容易地解读数据分析结果。常见的数据可视化方式包括折线图、柱状图、饼图、散点图等。通过这些可视化方式，用户能够快速发现数据的发展趋势，进而制定相应的管理策略和决策方案。

4. 预测和推荐系统

基于大数据技术的教师管理系统可以利用数据分析结果进行预测和推荐。通过建立预测模型，系统可以根据历史数据和模式，预测教师的绩效、学生的成绩等；还可以利用推荐算法，为教师提供个性化的建议和改进措施，如推荐教学资源、教学方法、培训计划等，帮助教师提升教学效果和专业能力。

5. 数据质量监控和改进

在数据分析与挖掘过程中，需要关注数据的质量问题。教师管理系统应建立数据质量监控机制，对数据质量进行监测和评估。如果发现数据异常，应采取相应的措施进行数据清洗或重新采集，以保证数据分析的准确性和可靠性。除此之外，教师管理系统还应定期评估和改进数据分析的方法和模型，确保其与实际情况的契合度。

（三）个性化服务与支持

个性化服务与支持是基于大数据技术的教师管理系统的重要策略之一。通过大数据技术，教师管理系统可以根据教师的个体特征和需求，提供个性化的服务与支持，帮助教师提升教学质量和专业能力。下面将详细论述个性化服务与支持策略在构建教师管理系统中的重要性和具体实施方法。

1. 个性化需求分析

个性化服务与支持的前提是对教师的个体特征和需求进行全面的分析和了解。教师管理系统应收集和整合教师的个人信息、教学背景、教学特长、职业目标等数据，借助大数据技术对这些数据进行分析，揭示教师的个体特征、学习风格、教学偏好等信息，并基于这些信息识别教师的需求和优势，从而为其提供个性化的服务与支持。

2. 个性化发展规划

基于个性化需求分析，教师管理系统可以为教师制定个性化的职业发展规划。具体来讲，教师管理系统可以分析教师的专业能力、发展潜力和学术背景，为其制定发展目标和路径；还可以为教师提供培训、进修及职称晋升等方面的建议，帮助教师制定职业发展规划，提升教学水平和专业能力。

3. 个性化培训和专业支持

个性化服务与支持意味着要为教师提供具有针对性的培训和专业支持。教师管理系统可以根据教师的个体特征和发展需求，提供相应的培训课程、研讨会、讲座等，内容可以覆盖教学技能、课程设计、教学评价等，从而帮助教师不断提升教学质量。

4. 个性化教学资源推荐

基于大数据技术的支持，教师管理系统可以为教师提供个性化的教学资源推荐。例如，根据教师的教学特长、学科领域和教学内容，推荐适合其教学需求的教学资源，包括教案、课件、教学视频等，从而帮助教师更好地准备和组织教学，提升教学效果和学生学习体验。

5. 个性化反馈和指导

个性化服务与支持还包括为教师提供个性化反馈和指导。基于大数据技术的支持，教师管理系统可以通过分析教师的教学数据、学生的学习成果，为教师提供具有针对性的反馈和指导意见，从而可以帮助教师及时调整教学方法和策略，提高教学效果和学生学习成绩。

6. 个性化沟通和互动平台

教师管理系统可以提供个性化的沟通和互动平台，促进教师之间的交流与合作。例如，为教师分享教学经验、讨论教学问题、提出疑问建立在线社交平台或讨论群组，以方便教师之间进行互动和交流，从而促进教师之间的合作学习和经验分享，进一步提升教师的专业能力和教学水平。

7. 个性化用户体验设计

在个性化服务与支持中，用户体验设计也是至关重要的。教师管理系统应考虑教师的使用习惯和需求，根据教师的角色、偏好和需求定制个性化的用户界面，以提高系统的易用性和用户满意度。

（四）持续优化与改进

持续优化与改进是基于大数据技术的教师管理系统的重要策略之一。随着教育环境和需求的变化，教师管理系统需要不断进行优化和改进，以适应新的挑战和需求。例如，基于大数据分析和反馈机制，教师管理系统可以不断优化其功能、性能，从而提升用户体验。下面将详细论述持续优化与改进策略在构建教师管理系统中的重要性和具体实施方法。

1. 用户反馈与需求收集

持续优化与改进的第一步是收集用户的反馈和需求。教师管理系统应设立反馈渠道，方便教师和其他用户提供相关意见、建议和需求。同时，教师管理系统还应通过数据分析技术，对用户的行为和使用情况进行监测和分析，从中获取用户的需求和痛点，从而了解用户的期望和自身改进的方向，为后续的优化工作提供指导。

2. 性能优化与扩展

为了确保教师管理系统的高效运行，持续的性能优化是必要的。应对教师管理系统进行性能测试和监测，发现并解决存在的性能问题，并通过优化数据库查询、调整系统架构、增加服务器容量等措施，提升其的响应速度和稳定性。此外，随着用户数量和数据量的增加，还应对教师管理系统进行扩展，以满足日益增长的需求。

3. 功能增强与创新

持续优化与改进也包括对系统功能的增强与创新。根据用户的反馈和需求，应不断完善教师管理系统现有的功能，并引入新的功能，以提供更全面、灵活和个性化的服务。例如，可以增加研究项目管理、工作量计算、出勤与请假管理等功能，以丰富教师的教学资源和合作交流方式，从而不断满足教师的需求，并保持教师管理系统的先进性。

4. 数据分析与决策支持的改进

基于大数据技术的教师管理系统的核心价值在于数据分析和决策支持。因此，持续优化与改进策略需要关注数据分析和决策支持的质量和效果。应不断改进教师管理系统的数据分析方法和模型，提升数据分析的准确性和可靠性。

参考文献

[1] 奉中华，张巍，仲心.大学生教育管理的创新与实践研究 [M].长春：吉林人民出版社，2021.

[2] 宗书芹.探索现代班级教育与管理 [M].长春：吉林人民出版社，2021.

[3] 代静.高等教育管理与教学研究 [M].西安：西安交通大学出版社，2017.

[4] 段志忠，邹满丽，滕为兵.教育管理与学生心理健康 [M].长春：吉林人民出版社，2017.

[5] 徐友辉，何雪梅，罗惠文.高职院校学生教育管理创新研究 [M].成都：西南交通大学出版社，2018.

[6] 卢波.教育管理理论与实践研究 [M].长春：吉林出版集团股份有限公司，2022.

[7] 童旭光.教育管理案例研究 [M].北京：北京理工大学出版社，2018.

[8] 杨颖秀.理解教育管理与政策 [M].长春：东北师范大学出版社，2019.

[9] 周秀荣.护理教育管理与实践 [M].长春：吉林科学技术出版社，2016.

[10] 王伦刚.新媒体视野下大学生思想政治工作创新 [M].延吉：延边大学出版社，2018.

[11] 全晓松.新媒体文化与大学生思想教育研究 [M].北京：九州出版社，2018.

[12] 李振委，景熹.新媒体传播与大学生思想政治教育及其途径创新 [M].成都：西南交通大学出版社，2020.

[13] 任海燕.基于新媒体的教育管理模式创新分析 [J].电子技术，2022，51（11）：309-311.

[14] 冯静.新媒体技术下的高校教育管理研究 [J].吉林省教育学院学报，2022，38（10）：39-42.

[15] 李尚华，张逸茜.新媒体技术对高校学生教育管理的影响及应用策略研究 [J].吉林省教育学院学报，2022，38（9）：24-27.

[16] 崔博 . 利用新媒体平台推动高校来华留学生思想教育管理工作的系统研究 [J]. 系统科学学报，2023，31（4）：132-136.

[17] 何忠祥 . 新媒体背景下高校教育管理工作创新路径探究 [J]. 中国多媒体与网络教学学报（中旬刊），2022（8）：17-21.

[18] 窦敏 . 新媒体时代学生教育管理工作路径创新 [J]. 中学政治教学参考，2022（21）：100.

[19] 王耀章 . 新媒体时代高校数字化教育管理研究 [J]. 中国报业，2022（4）：120-121.

[20] 王璨，苗文婷 . 新媒体环境下大学生教育管理工作的创新研究：评《新媒体视域下大学生教育管理研究》[J]. 科技管理研究，2022，42（1）：232.

[21] 王一汀 . 新时代大学教育管理工作发展分析：评《新媒体环境下高校学生教育管理工作创新研究》[J]. 中国高校科技，2021（12）：102.

[22] 郑昌保 . 新媒体背景下高校思政教育管理创新路径研究：评《新媒体时代高校思想政治教育创新探究》[J]. 领导科学，2021（24）：117.

[23] 时磊 . 新媒体背景下普通高中思想政治教育管理问题与策略研究：以阜阳市 X 中学为例 [D]. 福州：福建师范大学，2021.

[24] 符轩丽 . 新媒体时代艺术教育管理的创新对策研究 [D]. 武汉：华中师范大学，2021.

[25] 周香凝 . 新媒体时代高校思想政治教育管理研究 [D]. 武汉：中南财经政法大学，2020.

[26] 王冬灵 . 新媒体背景下小学家校沟通研究 [D]. 哈尔滨：黑龙江大学，2019.

[27] 柳春华 . "互联网＋"背景下大学生教育管理的挑战及改进路径：评《新媒体视域下大学生教育管理研究》[J]. 中国科技论文，2021，16（9）：1046.

[28] 林小香 . 新媒体视域下高职院校教育管理创新研究 [J]. 内江科技，2021，42（8）：132-133.

[29] 周东虎 . 新媒体视域下加强高校学生教育管理工作的策略：评《新媒体视域下大学生教育管理研究》[J]. 热带作物学报，2021，42（8）：2524.

[30] 罗玉洁，李骏 . 新媒体技术对高校教育管理的影响：评《新媒体环境下高

校学生教育管理工作创新研究》[J].中国科技论文，2021，16（8）：921.

[31] 孙方煜.新媒体背景下高校教育管理制度的人性化探究[J].中国多媒体与网络教学学报（中旬刊），2021（8）：162-164.

[32] 马坤，吴蕊，蒋浩艺.新媒体下高职院校学生的教育管理改进与创新：评《高职院校学生教育管理创新研究》[J].食品科技，2021，46（7）：321-322.

[33] 李梦尧.新媒体视阈中大学生道德教育管理创新探讨[J].记者摇篮，2021（7）：54-55.

[34] 陈阿娣.新媒体时代高校学生党员教育管理工作探析[J].科学咨询（科技·管理），2021（6）：48-49.

[35] 魏杰.新媒体背景下高校美术教育管理探究[J].美与时代（中），2021（4）：86-87.

[36] 王红红.新媒体时代高职院校党员教育管理服务探讨[J].就业与保障，2021（6）：132-133.

[37] 邢子怡，王汀.新媒体视角下思政教育管理的路径思考：以西南地区某高校为例[J].西部皮革，2021，43（4）：138-139.

[38] 魏莹.新媒体视域下高职院校教育管理的创新探索[J].创新创业理论研究与实践，2021，4（1）：174-176.

[39] 唐竭婧.新媒体背景下高校思想政治教育管理实践[J].食品研究与开发，2020，41（24）：273.

[40] 江春.新媒体时代高校教育管理制度的人性化发展[J].教育观察，2020，9（45）：75-77.

[41] 刘勉，林茂森.基于新媒体技术下提升高校教育管理有效性研究[J].中阿科技论坛（中英文），2020（11）：141-144.

[42] 修丽娟.新媒体时代高校学生党员教育管理常态化制度研究[J].辽宁农业职业技术学院学报，2020，22（6）：49-50.

[43] 肖雪.新媒体环境下高校学生教育管理的应对机制研究[J].产业创新研究，2020（20）：185-186.

[44] 杨骏.浅谈新媒体背景下高校教育管理制度的人性化[J].公关世界，2020（20）：116-117.

[45] 汤娜，李万银，徐庚阳.挑战与机遇：新媒体视域中抗疫时期学生教育管理模式探析[J].蚌埠学院学报，2020，9（5）：111-115.